JN220846

日本社会と継承語教育

多文化・多言語環境に育つ子どもたち

松永典子・郭 俊海・柳瀬千恵美［共編］

九州大学出版会

目　次

第2部 継承語により照射される日本の社会・文化・教育の諸相

序

日本社会と継承語教育
――平等性・公平性の観点から――

松永典子

はじめに

日本で暮らす在留外国人数は，2024 年 6 月末時点で 350 万人を超え[1)]，総人口の 2% 台であるが，2067 年には欧米並みに人口の 1 割を超すと予想されている[2)]。ただし，実際は，在留外国人数は国想定の 1.5 倍のスピードで増えており，その割合が人口の 1 割を超えるのは国の想定より 10 年ほど早まるペースだという。その場合，2050 年代後半には在留外国人の集住地域，散在地域にかかわらず，日本社会全体が移民社会，多国籍社会となることは間違いない。本格的な移民社会の到来に備え，「準備期間を活用し，公的機関の多言語対応や母語が外国語の児童生徒[3)]への教育の整備を加速する必要がある[4)]」。

ただし，一方で，移民社会の本格的な到来を待つまでもなく，日々成長する子ども一人ひとりにとっての教育整備は待ったなしの状況である現実に変わりはない。本章中では，子どもを学齢期の児童生徒と同義で使用する。この子どもに対しては，「多文化・多言語環境で育つ子ども」，「外国につながる子ども」，「外国ルーツの子ども」，「多文化背景の子ども」，「移動する子ども」といった様々な表現がある。どういう用語を用いるかは，対象とする子どもをどういう視点で捉えるかということに関わる問題であり，極めて重要である。ただし，

1）出入国管理庁 2024 年 3 月 22 日発表資料。https://www.moj.go.jp/isa/publications/press/13_00047.html（2025 年 1 月 20 日最終閲覧）。
2）覧具雄人・外国人共生エディター「見えてきた外国人 1 割時代　今は 320 万人，50 年代に 3 倍超」（『日本経済新聞電子版』2024 年 3 月 17 日）。
3）ここでの「児童生徒」は本章中の子どもと同義である。
4）同上（『日本経済新聞電子版』2024 年 3 月 17 日）。

それぞれの立場により対象とする子どもの文化・言語のルーツは一様ではない。このため，本書では一人ひとりの子どもの背景が多様で複雑であるという状況を踏まえ，それぞれの執筆者の立場を尊重し，あえて本書全体で用語の統一は行わない。

序では子どもを包括的に捉えて「多文化・多言語環境に育つ子ども」について述べる立場から CLD（Culturally and Linguistically Diverse）児という用語を用いる。CLD 児という用語を用いるのは，子どもの有する背景やルーツは複雑かつ多様であり，単純に外国人児童生徒や外国籍児童生徒という区切りでは定義ができないためである。同時に，「多文化・多言語環境に育つ」という背景説明は子どもたちの有する文化資源・言語資源が豊かであることを伝えるメッセージでもある。

この名称問題のうち，特に行政的な区別である「外国人」，「外国籍」という名称に関連するのが教育における平等性，公平性の問題である。なぜなら，以下に述べるように，日本の法制度においては在留外国人の人権は明文化されておらず，教育の平等性・公平性の問題が常につきまとっているからである。

日本の法制度において抜け落ちている平等性・公平性をもった学習権保障

言うまでもなく，日本では，日本国憲法第 14 条で「法の下の平等」が定められ，基本的な人権が国民一人ひとりに認められている。そうした民主的な社会であるだけに，平等性や公平性の精神が国民全体に浸透している。そのことは第 9 章で取り上げる子どもの継承語教育をテーマに据えた教育実践においても顕著にみられた。継承語は「家庭で用いられる言語で，社会の主要言語とは異なる言語」だとされる[5)]。教育実践の場での議論では，そうした継承語自体の性質も相まって，平等性・公平性の観点からは，特定の民族語の教育（継承語教育）に公教育が関与すべきではないとの意見が正当性をもって語られる。

5）継承語の定義は子どもを取り巻く背景が多様であるがゆえに本書全体で統一するのは困難である。子どもの呼称と同じく，継承語の定義についても各章の執筆者の立場にゆだねる。この章では文部科学省「研修用動画コンテンツ 2　外国人児童生徒等教育の考え方」p. 12 の定義を用いる。

このこと自体は，まさしく「法の下の平等」を象徴している出来事のように見える。

しかし，常に頭をよぎるのは，次の疑問である。はたして教育における平等性・公平性とは何なのだろうか。継承語教育は，「法の下の平等」や基本的な人権の範囲外にあるものなのだろうか。久保田（2019：278-279）は，「権利としての言語」の視点からの継承語教育は，多くの場合，社会的結束を揺るがすものと見なされるが，「資源としての言語」の視点では，国家の結束と多言語主義（社会の中に複数の言語が併存すること）とは共存できるとしている。ただし，同時に，「資源としての言語」が国家や大企業の利益のみに取り込まれてしまう危険性を指摘している。たしかに社会的に権利が制限されているマイノリティの利益を優先することは第一義とすべきである。その一方で，法整備が進まない日本においては，日本の文脈にそった現状の分析とそれを踏まえた戦略的アプローチが必要なはずである。

本章では，先行研究においては日本の法整備，および地域間経済格差の現状への視点が不足していたのではないかとの観点から課題を整理し，そのうえで学習権保障のための法制度を整備した海外の事例をもとに，以下，平等と公平についての考察を進める。

まず，日本の法整備の現状に関して述べる。参議院憲法調査会でも，在留外国人の人権を基本的には保障すべきという点ではおおむね共通認識があるものの，法整備は途上である。なぜなら，憲法は，元来，国民に対する国家権力発動の基準を示すものと考えられており，在留外国人の人権が憲法上保障されるのか，保障されるとしてその範囲がどこまで及ぶかには議論があるためである。具体的には，憲法では「外国人の人権は明文化されておらず，外国人の人権保障について憲法解釈はあいまいなままのため，その明確な規定が必要とし，その際には国際人権規約等国際人権保障に対応するものが求められる[6)]」とする野党の意見がある。加えて，「外国人労働者に対する規制緩和と共生のた

6）参議院憲法調査会「3　法の下の平等（マイノリティや外国人など）日本国憲法に関する調査特別委員会関係資料」https://www.kenpoushinsa.sangiin.go.jp/kenpou/houkokusyo/houkoku/03_20_01.html（2024年3月20日最終閲覧）。

めの法制を整備し，意識も変わることが必要」との意見や，不就学の子どもの実態を踏まえ，義務教育の対象を「すべての人々」とか「何人（なんぴと）」としてはどうかといった提案がある[7]。

これらの点からCLD児への教育を考える時，平等性と公平性の概念は今一度，整理する必要がある。教育の平等性と公平性を整理するにあたり，平等（equality）と公平（equity）を説明するのによく用いられているイラスト（図1）を参考にしたい。

掛橋（2023：1）によれば，図1左側の“equality”では，全員に同じ高さの台が準備されており，「与えられる条件はみな同じで平等」である。しかし，これだと一番右の子どもは野球が見られない。右側の“equity”では，それぞれの背の高さ（状況）に合わせた台が準備されていて，全員が野球を見ることができる。つまり，このイラストからわかるのは，「個々の特性や状況を考慮し，誰にでも公平な機会を提供する」のが“equity”ということである。

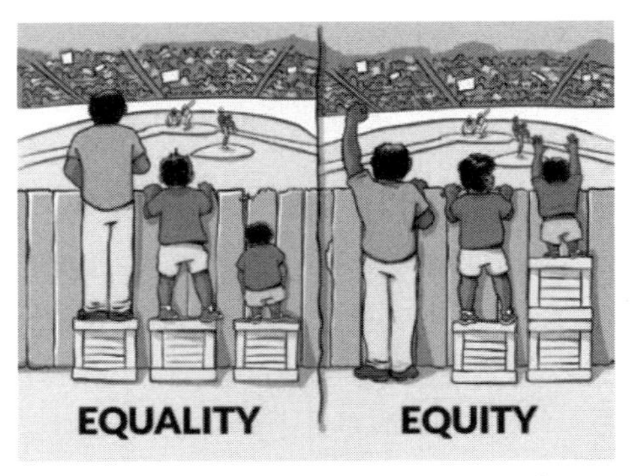

図1　平等（equality）と公平（equity）[8]

経済格差から生じる教育格差に在留外国人散在地域はどう向き合うか

このように見てくると，はたして日本の学校における平等と公平とは何であろうか。学校教員からNPOの立場に転じて，全国の学校の実態を見てきた中

7）出所は注6と同じ。

8）出所：“Interaction Institute for Social Change | Artist: Angus Maguire.”（interactioninstitute.org and madewithangus.com.）

で，日本の学校教育が既に「平等」でも「公平」でもなくなっている点を指摘したのが石川（2023）である。

石川は，日本の学校教育は，「義務教育」という名の下，「平等」「公平」で大きな差のないものとして機能しているようにみえるが，実際は，地域の経済格差により子どもたちを取り巻く学習環境はまったく一様ではないという実態があること，そして，それに気づいていない教員が多い点を問題視している。むしろ，子どもが暮らす地域や生活の実態に応じて大切にすべきものは異なるはずであるが，全国一律の学力観を吟味なく追究する姿勢を考え直す必要がある点を石川は強調している。

この石川の指摘と，前述の平等（equality）と公平（equity）の議論とを併せて，CLD 児にあてはめて考えてみた場合，彼らをめぐる教育の平等性や公平性がまったく担保されていないことがよくわかる。具体的には第 9 章に示しているが，在留外国人が集住する地域では母語・母文化支援や継承語教育が手厚く行われ，そうでない散在地域では，数の論理や滞在期間，経費の妥当性の観点から，母語・母文化支援や継承語教育はなおざりにされる。公平（equity）の議論から言えば，当該の子どもの特性や状況に応じて，それが日本語，母語・母文化，継承語の如何を問わず，不足しているところを補うことで本来有する能力や特性を発揮できるような機会を担保するのが公平（equity）な学校教育と言えるのではないだろうか。

望月（2023）では，日本が現在，CLD 児[9)]の不就学および日本語教育支援課題を抱えながら，制度的保障の展望をいまだ描けていない状況にある点を指摘している。そして，日本の政策への示唆を得るべく，CLD 児に平等性・公平性をもった学習権保障のための法制度および実施規則を整備した海外の事例を取り上げている。具体的には，CLD 児の受入れ，および教育保障の条件整備をどう進めるべきかとの問いに対し，北イタリアの移民受入れ状況やそれに伴う法制度の事例をもとに制度運用の検証を行った。イタリアは，2000 年頃より CLD 児に対する教育の権利，就学義務等の法的保障を進めている。なかでもト

9）望月（2023）では，「外国人未成年」「外国人児童生徒」といった行政用語が用いられているが，ここではこれらを CLD 児と同義と捉え，CLD 児という用語を用いる。

レント自治県はCLD児に平等性・公平性をもった学習権を保障するため，母語・母文化の教育支援，専門職員の確保，ラボラトリーや個別学習コースの設定など，透明性の高い行政介入型の支援を推進してきた。そして，望月はこのトレント自治県の事例等を手掛かりに，日本も行政介入型の支援の仕組み，条件整備の議論を進めながら，日本型モデルを検討することを提言している。

鍵は官民協働・長期戦略で取り組むウェルビーイングへの挑戦

では，その日本型モデルはどう創っていけるのだろうか。日本の教育における平等性・公平性は「国民」を前提とした議論になっており，「人権」という観点からは国際人権規約を盾に在留外国人に対しても平等性・公平性を担保すべきとされながらも，実情としては，法整備はその途上にある。しかも，第9章でも触れるが，欧米ではCLD児の教育が成功するための鍵としてトランスランゲージング（Translanguaging，以下TL）教育[10]が盛んに取り組まれているが，日本の学校ではまず日本語教育が優先される。一方で，TLの概念を枠組みとしたCLD児の学びに資するリテラシー教育についての具体的検討（佐野2023）も進むが，日本国内ではまだ緒に就いたばかりである。さらに，そもそも個々人による複数言語使用を促進しようとする言語政策や理念的枠組み自体が日本には存在しないため，TLの浸透には時間がかかる。したがって，イタリアの事例を日本の文脈にそのまま置き換えるだけでは日本型モデルの開発にはつながり難い。

日本におけるCLD児に対する教育保障につき，行政介入型の支援整備へとなるよう地方行政を動かすとしたら，それぞれの地域特性を考慮した戦略が必要である。たとえば，過疎化が進む地域における地域経済の担い手の確保には教育基盤整備が不可欠である。子どもの教育基盤が整えば就労人口としての地域の担い手が集まり，それが地域の住みやすさや経済活性化につながることを，事例を蓄積しながら示すことである。地域の住みやすさ，経済活性化は

10）トランスランゲージングとは，同一会話内でフレキシブルに複数の言語を用いることをさす（Ofelia García, and Li Wei 2014）。TL教育はCLD児が母語・第二言語を含め，自身の言語レパートリー全体を使って学習し，学んだことを発揮することを奨励する教育をさす（オフィーリア・ガルシアほか2024：43）。

ウェルビーイング[11]（身体・精神・社会的に良好な状態）につながる。

身近な具体例をあげると，全国トップレベルの子育て支援を行う大分県豊後高田市では，人口減少を続けながらも「住みたい田舎」として4年連続全国トップ3に入っている。ここには行政・商工会議所・教育現場・市民が一体となって取り組んできた人口増への長期戦略があったと言われている[12]。特に教育と定住に力を入れ，市長自らが塾頭となり誰でも無料で受けられる「公営の寺子屋」『学びの21世紀塾』を開塾するなどの取組の結果，小中学生の学力は県内トップクラスとなっている。その背景に観光資源となるまちづくりや企業誘致があったことはもちろんである。また，豊後高田 International Contribution 事業共同組合は，地域社会の中に持続可能な形で外国からの就労者を地域経済の担い手として受け入れていくことに官民協働で挑戦した好事例と言える。

こうした官民の協働は日本各地で進んでいる。たとえば，地域経済の活性化という点にとらわれない取組としては，NPO の活動基盤がある佐賀県が挙げられる。佐賀県では防災事業やウクライナ避難民の受入れ，地域日本語教育の体制整備などを県と各市町，そして NPO との協働により行っており成果をあげている。子どもの日本語教育体制に関しても，県が主導する形で行政介入型の教育基盤整備を進めてきた。このほか，学校と地域が協働でウェルビーイングに取り組んだ事例については第 9 章で取り上げる。

加えて国家戦略の観点からは，多文化化・多言語化が進む日本社会にとって，久保田（2019）のいう「資源としての言語」の有用性の事例を提示し続けることが不可欠である。たとえば，第 5 章で示された複数の文化資源・言語資源を有する中国・朝鮮族のように異なる世代間・社会階層間の仲介を果たしている事例を，国内外においてさらに収集し，CLD 児が今後の多文化・多言語社会の成長や発展にどのように資するか，TL[13]の観点から分析することも必要と

11）ウェルビーイング（Well-being）は，1946 年に署名された世界保健機関（WHO）憲章の前文で提唱された健康に関する定義である（公益社団法人日本 WHO 協会）。日本では，「個人の権利や自己実現が保障され，身体的，精神的，社会的に良好な状態にあることを意味する概念」と定義される（厚生労働省・「雇用政策研究会報告書概要（案）」）。

12）出所：日経 BP 総合研究所による大分県豊後高田市の Web 記事。

13）注 10 を参照。Ofelia García, and Li Wei（2014）。

なってこよう。久保田（2019：281）では，経済格差のために言語資源が経済成長にとっての資源と取り違えられていることが批判されているが，日本のようなモノリンガル的思考が強い社会でマルチリンガル人材（様々な組み合わせの言語能力を有し，異なる言語文化間の橋渡しをする人）が経済成長の担い手となっていく事例が蓄積されていくことは，CLD 児への教育支援を促すためには有効性があると考える。少子高齢化が加速する日本で，特に地方において行政を動かすのは，地域の住みやすさ，経済活性化と直結するウェルビーイングの指標である。こうした日本の地域における経済格差の現実を踏まえた議論こそが今の日本には必要なのではないだろうか。

本書のねらいと構成

以上のように，現状ではCLD 児の継承語教育を取り巻く法整備自体が未整備のままであり，その分，継承語や母語・母文化の重要性や必要性に対する社会的な認知度も低い。加えて，ランブクピティヤ（2022）でも示されているように，CLD 児を取り巻く学校教育環境の中には，いわれのない差別や厳然とした偏見がはびこっている。これに関連して不就学や進路選択の制限，そして貧困といった負の連鎖が続いてしまう場合もある。こうした現実に直面する時，手をこまねいているだけでは本来受けるべき教育を受けられない子どもが増加の一途をたどる。これでは，日本の社会づくりを担うグローバル人材（多言語・多文化を理解し，多様な視点から複雑な社会課題の解決に挑む人），マルチリンガル人材としての期待がかかるCLD 児の将来，ひいてはCLD 児を含め次世代を担う子どもたちに託す日本の将来自体も危うい。こうした現実を踏まえれば，CLD 児の置かれている状況を当事者，そして保護者や教育研究に関わる者とともにつぶさに報告し，この問題の現状と課題を社会と共有していく義務が私たちにはある。

本書のねらいは，継承語や母語・母文化が当事者やその家族，民族にとってのみならず，日本社会にとっても重要かつ必要な文化資源・言語資源であることを様々な事例をもとにひもといていくことである。このため，本書は以下のような構成により，継承語と継承語教育について，法制度・政策，文学・心理学，言語習得・学習動機，異文化コミュニケーション，継承語教育理論，教育実践，人権といった様々な領域から切り込んでいく。

まず，この序では，日本の法制度においてCLD児に対する平等性・公平性をもった学習権保障が抜け落ちている点を指摘し，イタリアの事例をもとに，日本にも行政介入型の支援の仕組み，条件整備の議論を進めるべきことを提言した先行研究を紹介した。また，これをもとに日本型モデルの開発につき検討した。

続いて，第1章では，「日本語文学」の書き手という側面から，日本文学研究と継承語概念との関係をひもといている。一見，日本文学と継承語とは関係がなさそうに見えるが，外国語としての日本語を創作言語に選ぶ外国人作家，外国での経験を踏まえて日本語で書く日本人作家，それぞれが自身の「継承語」と向き合っているという指摘は，継承語概念に新たな視角をもたらすものである。つまり，個々人の移動やルーツをたどる行程の中から継承語を捉える視点は，従来の「家庭で用いられる言語で，社会の主要言語とは異なる言語」という継承語の定義，いわば，民族語に象徴される継承語の性質を社会全般に開くものである。加えて，従来の言語習得研究の観点からは見えなかった文学作品における継承語の位置づけを提示した点は，継承語の果たす役割に一石を投じている。近年注目をあびているトランスランゲージ文学を継承語の観点から捉えようとしている点も，本書の読者に，継承語とは何かを知るための道案内をする役割を果たしている。

続く，第2章から第5章（第1部）では，「継承語から見えてくる親の意識・子どもの自己形成・アイデンティティの変容」について報告する。

第2章では，中国人母親へのインタビュー調査のデータを元に，子どもたちの言語と文化の継承において，家庭内での肯定的な環境と指導が祖父母や両親との強い絆を結ぶのみならず，子ども自身のアイデンティティの形成にとっても極めて重要な要素であることを指摘している。また，継承語の教育と継続的学習において適切な目標を設定することや学校や地域社会からの明示的なサポートが不可欠な役割を果たすことが示唆されている。とりわけ学校教員からの称賛や奨励は，子どもの継承語学習の継続を大きく左右する要因の一つであることが指摘されている。この事例により継承語教育が家庭内だけで完結できる性質のものではないことが具体的に示された点は，継承語教育が社会との関係においてこそ展開されるものであることを問いかけている点において意義深い。

第3章では，親子中国語母語教室への参加による親の意識変容，特に中国人の母親と日本人の父親の違いに焦点を当てている。インタビュー調査の分析の結果，中国人の母親が当初抱いていた家族間の異文化コミュニケーションの不安や葛藤は，母語教室での活動や家族，周囲の理解を通して緩和され，自身の言語資源・文化資源の価値に対する再認識がなされていくことがわかった。一方で，日本人の父親も母語教室への参加についてポジティブな反応が見られるが，同時に妻と夫の間での不安や葛藤の共有が進んでいない可能性も示唆されている。そこから母語教育の継続には日本人の父親や親族の理解や協力が不可欠であること，行政をはじめ，学校，地域からの理解が広がることが必要であることも示唆されている。

第4章では，中国にルーツを持つ大学生のライフストーリーから従来の研究では解明が不足していたアイデンティティの形成要因を探っている。その結果からは，成長過程で自身のルーツを個性と捉え，ありのままの自分を受け入れてくれる家族や仲間の存在がアイデンティティ形成にプラスに働くことがわかった。一方,「同調圧力が強い日本文化の影響」,「メディアによる中国のマイナスイメージの報道」,「異文化摩擦や差別発言に対する教師の経験不足」など社会的・文化的要因がアイデンティティのネガティブな形成要因となっており，周囲の環境が直接的に子どもや若者の成長を左右する要因となっていることが示された。アイデンティティのネガティブな形成要因を含めた分析は貴重な報告である。

第5章では，中国朝鮮族の5人の中学生を対象にインタビュー調査を行い，中国朝鮮族の中学生は高い民族意識を抱えながら，生活場面や相手との関係に応じて柔軟に言語を使い分け，複雑な社会環境に適応していることが示された。これには，家庭内での言語使用と民族行事への参加，学校での民族文化授業などが影響していると考えられ，また，中国語と朝鮮語の両言語の使用により，異文化理解力と適応能力が自然に高まり，継承語が果たす新たな役割ともいえる二文化併存的なアイデンティティが形成されていることが示された。まさに，この事例は，複数の言語資源・文化資源を有するCLD児がマルチリンガルに，そしてグローバルに，異なる言語・文化の橋渡しをしていく可能性を秘めていることを具体的に示した点に意義がある。

以上から示唆されることは，継承語，母語・母文化の継承は，保護者の確固とした意志や家庭教育が軸となりながら，それだけで完結するものではなく，親族や友人等周囲の環境，学校教育や行政，地域の社会的・文化的な影響を強く受けながら成り立っていくものであるということである。また，複数の言語・文化の習得は，言語や文化への適応力や異文化理解力を自ずと高めることが具体的に示されている。

さらに，後半の第6章から第9章（第2部）では包括テーマを「継承語により照射される日本の社会・文化・教育の諸相」とし，実践例や事例等をもとに報告する。

第6章では，ネット社会で成長する北京，香港，台北在住の言語形成期後半の子どもたちを事例として，仮想世界と現実世界の言語資源の循環とトランスナショナルな実践をモデル化して示した。子どもたちがテレビやインターネット，漫画，本などのメディアを通して日本語や日本文化に触れる仮想空間と，実際のインタラクションが行われる現実空間を行き来し，それぞれの言語資源を有効に活用しながら言語空間を広げていく様子を縦断的・横断的な調査と量的・質的分析から明らかにしている。従来の先行研究の言語資源観は，仮想空間と現実空間それぞれの言語資源が独立し，比較分析上対立する項目のように扱われていたが，言語形成期後半の子どもたちの継承語教育の可能性は，インターネットによりさらに広がる仮想空間と現実空間をつなぐことで大きく変わることを示唆した点に独自性がある。

第7章では，日本スリランカ子ども会とスリランカにルーツを持つ子どもたちを対象に行われている仏教をベースにした道徳教育およびシンハラ語の継承語教育を含む活動についての実践報告を行っている。仏教を基にした道徳教育を行っている背景には，日本では引きこもり，孤立感，孤独死，いじめ，不登校，自殺などの様々な社会問題があり，これらの原因の一つには，人々が問題に直面した場合，心の支えが見出せないことが考えられると指摘されている。このことは裏返せば，日本社会の中で徐々に薄れてきた「思いやり，共感力，同情力，協働力，共生力等」をこの実践が補おうとしているとも捉えることができる。また，単にスリランカや日本に留まらず，より広い世界や複雑な社会に通じるグローバルな視点から子どもの育成を目指す保護者の意向や姿勢も，継承語教育の国際社会に対する役割を広げる視点を有するものとして注目される。

第8章では，福岡のベトナム語教室設立の経緯と，その後，子ども食堂に併設したベトナム語・英語・ネパール語の教室へと活動が展開された経緯について事例が報告され，日本における継承語教室の持続可能な運営という観点からの考察がなされている。継承語教室の持続可能な運営には，子どもの学習意欲・動機づけ・負担，親の協力，場所の確保，運営費，子どもの年齢・言語能力の多様性への対応，時間の確保，講師の確保，教材の充実，学校教育における位置づけといった様々な要素が必要とされる。このうち，持続可能性の最速の解決策は学校教育における位置づけ（制度的保障）であるが，これは最もハードルが高い。このため，持続可能な継承語教室の形として，子ども食堂の運営に継承語教室を組み込むやり方を提案している。この点は，在留外国人散在地域で民間が取り組む継承語教育にとって参照点となる貴重な実践である。

第9章は，社会にとっての課題と継承語教育の役割との接点を検討し，継承語教育が日本社会をモノリンガルからマルチリンガル，すなわち多様性を許容し尊重する環境へと変える可能性について，継承語教育の国際比較と大学院での教育実践を元に提言している。なぜなら，日本社会において外国人労働者の受入れ方針が一時的な滞在から日本への定着を目指すものへと大転換がはかられる中，継承語と継承語教育をめぐる背景と現状を概観すると，CLD 児の存在価値は従来とはまったく異なったものとなるためである。つまり，複数の言語や文化を理解し，異なる言語・文化の仲介ができるのが CLD 児であり，CLD 児には，多文化・多言語社会としての日本の社会づくりを担うグローバル人材，マルチリンガル人材としての活躍が期待される。そうした CLD 児の将来，ひいては多文化・多言語社会としての日本の将来を支えるのが継承語教育であることを主張している。

以上，後半の4つの論考からは，継承語を通して，日本の社会・文化・教育といった諸相が抱える課題があぶりだされるとともに，継承語と社会との接点の中から新たな継承語の役割が照射されて見えてきた。つまり，ひとつは異なる言語・文化に対して決して寛容とは言えず，人への畏敬の念が薄れている日本社会の姿とともに，日本の学校教育に抜け落ちている心の平穏さや豊かさを育む教育を担うという役割である。そして，もうひとつは，そうした継承語教育を通して涵養される，寛容度が高く，多様性を容認する姿勢は，個々人のウェルビーイングを高め，それがひいては，住みやすい地域づくりへと波及する役割を果たすことである。

以上のように，本書では，継承語が日本社会にとって重要かつ必要な文化資源・言語資源であることを，具体的事例をもとに示しつつ，日本の社会的文脈の中に継承語教育を位置づけることをめざす。また，CLD児への平等性・公平性をもった学習権保障を行うための法整備や日本型支援モデルをめざすとすれば，地域の住みやすさ，経済活性化と直結するウェルビーイングの指標をもとに，継承語教育を通したグローバル人材，マルチリンガル人材の育成をしていくことが，ひいては地方の経済活性化や住みやすい地域づくりに貢献できると考えるのが本書の立場である。

最後に，結語では，国際化とインクルーシブ教育の観点から日本社会と継承語教育について，現状の課題を共有し，継承語教育の今後を見渡し，全体のまとめとする。

参考文献・参考URL

Ofelia García, and Li Wei（2014）. Translanguaging: Language, Bilingualism and Education, Palgrave Pivot.

石川晋（2023）「『公立中学校』でしなやかに生きること（65）日本の学校は，もう平等でも公平でもなくなっている」『くらしと教育をつなぐwe.』31(6)，48-50.

オフィーリア・ガルシア，スザンナ・イバラ・ジョンソン，ケイト・セルツァー著，佐野愛子，中島和子監訳（2024）『トランスランゲージング・クラスルーム―子どもたちの複数言語を活用した学校教師の実践―』明石書店 / Ofelia García, Susana Ibarra Johnson, and Kate Seltzer（2017）. The Translanguaging Classroom: Leveraging Student Bilingualism for Learning, Philadelphia, PA: Caslon.

久保田竜子（2020）「日本における外国にルーツをもつ子どものための継承語教育と言語政策」近藤ブラウン妃美・坂本光代・西川朋美編著『親と子をつなぐ継承語教育―日本・外国にルーツを持つ子ども』くろしお出版，268-282.

公益社団法人日本WHO協会「世界保健機関（WHO）憲章とは」https://japan-who.or.jp/about/who-what/charter/（2024年11月1日最終閲覧）。

厚生労働省「雇用政策研究会報告書概要（案）」https://www.mhlw.go.jp /content/11601000/

000467968.pdf（2024 年 11 月 1 日最終閲覧）。
佐野愛子（2023）「『トランスリンガルな文学』と教育におけるその可能性」『立命館文学』683，183-196.
S. M. D. T. ランブクピティヤ（2022）「外国人保護者が抱える日本の学校文化―相互理解と母語・母文化保持の観点から―」松永典子編著『学校と子ども，保護者をめぐる多文化・多様性理解ハンドブック（第 3 版）』金木犀舎
参議院憲法調査会「3　法の下の平等（マイノリティや外国人など）日本国憲法に関する調査特別委員会関係資料」https://www.kenpoushinsa.sangiin.go.jp/kenpou/houkokusyo/houkoku/03_20_01.html（2024 年 3 月 20 日最終閲覧）。
日経 BP 総合研究所・新公民連携最前線「人口は減っても元気なまちづくり・第 3 回 大分県豊後高田市―「昭和の町」は 3 つの戦略の 1 つ」https://project.nikkeibp.co.jp/atclppp/PPP/030700028/082400003/（2024 年 10 月 1 日最終閲覧）。
日本経済新聞社・覧具雄人・外国人共生エディター「見えてきた外国人 1 割時代　今は 320 万人，50 年代に 3 倍超」(『日本経済新聞電子版』2024 年 3 月 17 日）
日本経済新聞社「日本の大学，国際競争への課題は？　『現状維持では後退』米ボストン・カレッジ　アルトバック名誉教授に聞く」(『日本経済新聞電子版』2024 年 4 月 8 日）
望月由美子（2023）「外国人児童生徒の教育保障に関する法整備と行政介入の日伊比較：北イタリアのトレント自治県における『「2008 年 3 月 27 日付県知事命令第 8-115/Leg 号」全文訳・訳注付」『子ども発達臨床研究』17，1-21.
文部科学省「研修用動画コンテンツ 2　外国人児童生徒等教育の考え方」文部科学省委託「日本語指導が必要な児童生徒等の教育支援基盤整備事業（動画コンテンツ開発」https://www.mext.go.jp/content/20210412-mxt_kyokoku-000014129_02.pdf（2023 年 5 月 15 日最終閲覧）。

第 1 章

ケイショウゴから考える
——日本語文学研究と継承語——

波潟　剛

はじめに——「継承語」と文学

ケイショウゴ……，敬称語？　形象語？　継承後？　……継承語？　これは「継承語」に関して文学研究者として何か書いてもらいたいという依頼を受けたときに，私の頭のなかをめぐっていた連想である。ひとまずそれが「継承語」であると理解して次に思ったのは，日韓の国際結婚家庭で子育てをしている我が家に当てはめれば，日本で暮らしているときの韓国語であり，韓国で暮らしているなら日本語のことだろうという素朴な事柄だった。この程度の理解で論文が書けるのか，いやあ無理だろうと諦めムードになりつつも，思い直してCiNiiで「継承語」と合わせて「文学」の二語で検索してみた。だが残念なことに，自分の関心に当てはまりそうな論文は皆無と言っても良い状態である。ますます窮地に追い込まれていったのが，この原稿のスタート地点だった。

困り果てて研究室や自宅の本棚を見渡し，何か手がかりがないものかと眺めてみた。最初に目に飛び込んだのは，九州大学に何度か講演に来ていただいた作家，温又柔のエッセイ集『台湾生まれ　日本語育ち』である。「日本語育ち」というタイトルにひかれて久しぶりに読んでみると，次のような記述が出てくる。

> わたしは考える。文字を覚える以前の，音としてのコトバにのみ包み込まれていた頃，わたしは聞こえてくるその音が何語なのか考えることなどせず，母のコトバをひたすらなぞっていた。そして，母が自分の話す中国語に台湾語を織り交ぜるのは，祖母がいつも台湾語で喋っていたことの影響が大きい。母もまた，小さな女の子だった頃，学校では教わらないコトバを祖母の声をとおしていつも耳にしていた

のだ。そしてそれは，祖母が曾祖母と交わしたコトバでもあるということ。
　祖母のコトバ。母のコトバ[1)]。

台湾に生まれ，のちに日本語で小説を書くことになる作家の「継承語」は，母が話す中国語と台湾語である。「継承語」と聞いて一つの言語を素朴に発想した私にはいきなりハードルが上がってしまう。加えて，母が話す日本語は移民一世の話す外国語であるのに対して，祖母が話す日本語は植民地時代に教育された宗主国の言語である。さらに考えてみたくなる興味深い問題だが，「継承語」初心者の私にはまだ早い気がして，他の本も見てみたい思いに駆られる。少々焦りながら，やはりタイトルにひかれて，作家，漫画家である小林エリカの『この気持ち　いったい何語だったらつうじるの？』という本を手に取ってみる。すると，この本でも「言葉」をめぐる著者と祖母との関わりが綴られている。

　わたしは祖母のことを思い出していました。
　祖母は新潟出身ですが，十六歳で東京へ出てきてからずっと，ふだんは標準語を使っています。
　けれど，子どものころに暮らした村の話をするときだけは，その記憶が，楽しいものであれ，苦しいものであれ，必死になった，ならざるをえなかった出来事におよぶと，とつじょ，そこへ新潟弁が混ざり始めることが，よくありました。
　もちろん安易におなじこととして考えることはできないかもしれません。けれど，記憶があらわれ出るときに必然的にまとう言葉，というものがあるように思うのです[2)]。

ここでの「継承語」は，同一言語におけるケースである。そう書こうとしながら，これは「継承語」の問題なのだろうかと疑問を抱き，思考が止まってし

1）温又柔『台湾生まれ　日本語育ち』白水社，2016 年，p. 116。
2）小林エリカ『この気持ち　いったい何語だったらつうじるの？』理論社，2009 年，pp. 188-189。

まった。標準語と方言という次元なら，同じ言語であっても「継承語」の定義は当てはまるのか否か。このまま書き進めるには，分からないことが多すぎる。自己流で進めるには，あまりにも心もとない状態になった。

そこで，いったん振り出しに戻ることにして，そもそも「継承語」とは何なのか，学術的な定義を参照してみた。

> 母語と似た概念には，継承語がある。中島（2017）は，母語と継承語は共に同意語として使用されることもあるが，微妙な相違点が存在すると述べている。研究者によって多様に定義づけられているが，母語は習得順序や習熟度で定義される一方で（Polinsky，2017 など），継承語は話者と言語の関係性を重視し定義される場合もある。Kondo-Brown（2002）は，継承語は先祖が身につけた移民言語，先住民言語，植民地言語も含めるという場合もあるという。中島（2017，p. 2）は親子の関係に着目し，「継承語（heritage language）とは親の母語，子にとっては親から継承する言語であり，継承語教育（heritage language education）とは親の母語を子に伝えるための教育支援」とした[3)]。

ようやくまとまった定義に触れ，多少は安堵したのだが，このジャーナルをさかのぼってみると，すでに2021年には特集で「継承語」を再考しているではないか。それを知った私は，400メートルトラックで行われている長距離離走に突然参加して，どこが先頭なのか，自分がどれだけ周回遅れなのか全然分からずに立ち往生している思いになり，正直途方に暮れた。だがすぐに断念せずこの特集の論文を見てみると，「継承語」ならぬ「繋生語」なる概念が登場する。

3）中家晶瑛「ニューカマー親子の継承語教育・学習への認識と親子関係の様相」，『「移動する子どもたち」―ことばの教育を創発する』14号，2023年11月，p. 5。引用中で触れられているのは以下の文献である。中島和子「継承語ベースのマルチリテラシー教育―米国・カナダ・EUのこれまでの歩みと日本の現状」『母語・継承語・バイリンガル教育（MHB）研究』13，2017年3月，pp. 1-32および，Polinsky, M.（2017）. Heritage language narratives 1. In D. M. Brinton, O. Kagan & S. Bauckus（Eds.）, *Heritage language education: A new field emerging*（pp. 149-164）. Routledge. および，Kondo-Brown, K.（2002）. Heritage language development. In B. J. Guzzetti（Ed.）, *Literacy in America: An encyclopedia of history, theory, and practice*（vol. 1, pp. 219-223）. ABC-CLIO.

「繋生語」は，海外在住の日本と繋がる子どもたちが親から受け継ぐことばも含めて，親や家族，友だち，社会との繋がりから生まれ，さらなる繋がりを生み，そこで新しい意味を生み出し，その繋がりを次の世代に繋げていくことばと定義します[4]。

すぐにこの定義が飲み込めたわけではないが，通時的な次元と共時的な次元において，言語の「継承」あるいは「繋生」が問われているものと理解した。先行研究をふまえて問いを立て，それに答えていくのが論文であることは重々承知しているが，学術的な書き方をためらうほどに，文学研究者にとって，「継承語」はなじみのない概念である。字面から表面的に理解はできても，具体的な研究にまでは想像が及ばない。実際，文学研究と「継承語」概念を結びつけた研究はほとんど見られない。しかし，留学や移住，移民といったテーマは文学でしばしば扱われているので，見方を変えれば，同様の概念を検討してきたとも言える。「日本語文学」として検討されている分野はその一例である。今回は，台湾にルーツのある日本語作家の温又柔からスタートして，文学研究と「継承語」概念との接点や可能性について考えをめぐらせてみたい。

1. 日本／日本語との距離

「祖国」を離れ「外国人」として暮らす人が家庭で話す言語。そんな印象に始まって「継承語」と「文学」との関係について考え始めたとき，真っ先に思い浮かんだのは「日本語文学」の書き手であった。温又柔はもちろんその一人であり，在日コリアンの作家や，時代をさかのぼって「朝鮮」や「満洲」等の旧植民地において書かれた「日本語」の文学もその範疇に入る。とはいえ今回はひとまず，1992 年に『星条旗の聞こえない部屋』で野間文芸新人賞を受賞したリービ英雄という人物に注目したい。

リービ英雄は万葉集の研究者でもあり，温又柔は法政大学においてリービ英雄から直接指導を受け，学術的な師弟関係にある。また，リービ英雄が幼少期

4）トムソン木下千尋「継承語から繋生語へ―日本と繋がる子どもたちのことばを考える」，『「移動する子どもたち」―ことばの教育を創発する』12 号，2021 年 10 月，p. 3。

に台湾に住んでいたという経験は，台湾に生まれた温又柔との文学的な接点になっている。「日本語文学」の代表的な作家であるリービ英雄の小説においても，「継承語」の話題が登場する場面がある。

> 「It’s strange. When I was young, I was a servant. I was a *young-ren*」
> 　だって，おかあさんは若いとき，人のうちでお手伝いさんもやったことがあるのに。おかあさんは人の用人（ヨングレン）だったのに。なんだかおかしい。
> 「この国」の大臣や総統の息子に会いに島の北部にある首都に出張したり，その地方都市の国民党（ナショナリスト）の幹部との会議で不在が多く，家にいても書斎に閉じこもりがちだった父と違って，母はいつも庭の近くにいた。
> 「しかたない」と言いながらも用人（ヨングレン）もいる大きな家の運営で動きまわっている母の姿は，庭にみなぎっている光とよく似合った明るいものとして，かれの記憶の中に残っていた[5)]。

これはアメリカ人の親子が台湾の台中にある「模範郷」と呼ばれた町で暮らした時の場面である。「かれの記憶」にあるのは，台湾での異国暮らしに不便さを味わいながらも，明るい様子で，もっぱら英語で子供に話しかける母の光景である。ただし，その様子は，英語の後に，日本語での説明が繰り返され，小説全体も基本的に日本語で書かれている。「日本語文学」の作家が書いたのなら当然のことかも知れないが，この小説では英語と中国語の関係が日本語を通して描かれている。

「かれ」にとって「日本語」とはどういう存在なのか。この小説では，主人公がアメリカに帰省する場面も描かれる。

> 　母は「ここは自分の家でしょう」とすすり泣きのうちにつぶやき，そして反撃を加えるという勢いに転じて「いくら日本人といっしょにいても，けっきょくは死ぬまで外人として扱われるでしょう」
> 　母はとつぜん，そんなことを言った。

5）リービ英雄『国民のうた』講談社，1998年，p. 49。

「A gaijin until the day you die」
　かれはふいをうたれた。「gaijin」という日本語は，はじめて，母の口をついて出た。
　日本語を五つか六つしか知らない母は，どこでそれを覚えたのか。ワシントン・ポストで読んだのか。それともテレビで知ったのか。
「そんなことばは実際に日本の中で生きたことのない人には口にする資格はない！」
　かれは反抗的な口調となって，久しぶりの英語で突きかえした[6]。

「久しぶりの英語」で母に言い返す「かれ」にとって，「継承語」は英語なのだと言える。しかしながら，母との口論のあいだに，「かえりたい」という日本語を反芻する「かれ」には，「継承」がある意味で重い足枷にもなっている。また，そのときの「日本語」は幼少期に母とともに生活した土地の言語ではなく，その後に習得した外国語という関係にある。
作家リービ英雄にとっての創作言語である日本語について考えるとき，小説集『国民のうた』において，表題作「国民のうた」とともに，「満州エクスプレス」という作品でも，作家安部公房について言及している点は大変示唆的である。「満州エクスプレス」では，彼が安部公房の遺族とともに，安部公房の育った中国東北部の瀋陽市を訪れる様子を描いている。また，「国民のうた」においては，実際に二人が会話をしていた場面があり安部公房が語る満洲に関する記憶に関して，次のように記述される。

　地下の演劇稽古場で，安部先生が懐かしさもない，ドライな声調で語っていた。
「たとえば学校なんかでは教科書を読むと，春は桜，小川のせせらぎ，と書いてある。ところが窓の外を見ていると，そこに砂しかない。その砂の向こうは，見渡す限りの荒野なんだ」と[7]。

6）同上，pp. 27-28。
7）同上，p. 142。

リービ英雄が記憶している安部の発言と類似するものは，安部公房本人のエッセイでも確認することができる。幼少期の安部公房にとって，日本は絵に描いた世界でしかなく，四季折々の風景は教科書の中にしか存在しなかった。そうした場所で覚える日本語は，日本という祖国と直接的には結びつかない言語だったと考えられる。その意味で，彼にとっての「継承語」であったし，文化との接点が薄い，いわば人工的な言語でもあった。

安部公房にとっての日本語は,「継承」よりも「繫生」という側面が強く，さらに言うならば文学世界を創造するための人工的な言語として理解されていたようである。安部公房の言語観は創作時期によって変化するが，1980年代に彼が興味を抱いたのはピジンやクレオールだった。

> ピジンが一世代しか続かないというビッカートンの規定には，言うまでもなく深い意味がある。言語は親，もしくはそれに準ずる者によって子供に伝えられる，という常識に反して，ピジン話者の子供たちはピジンを使用しないのだ。移民二世たちは，いきなりどのグループの母語にも属さない新しい言葉を使いはじめた。クレオールである。だから当然，一世たちはクレオールを話せない[8)]。

本人が移民二世とも言える意味で，安部公房は日本語をクレオールとして創造しようとしていた。このように想定してみるならば，リービ英雄がしばしば安部公房に言及したのも,「日本語」を「外地」で覚え，伝統との距離を感じざるを得ないなかで日本語を習得した作家が創作した言語の可能性に興味を抱いたからだと言えるだろう。

2. ナラティブ／物語の可能性

小説は文字言語で書かれた物語である。その意味で，作家と言語との関係はもちろん重要であり，また，言語を通して紡がれる「物語」という側面も同様に重要である。

8)『安部公房全集』28，新潮社，2000年，p. 370。

前節では，温又柔からリービ英雄，そして安部公房へと議論を進めたが，今度は，温又柔が修士論文の研究対象に選び，リービ英雄にとっては直接交流のあった在日コリアン作家李良枝に注目してみたい。彼女の代表的な小説「由熙」には，次のような場面がある[9)]。

> ———ことばの杖を，目醒めた瞬間に摑めるかどうか，試されているような気がする。
> ———……。
> ———아なのか，それとも，あ，なのか。아であれば，아，야，어，여，と続いていく杖を摑むの。でも，あ，であれば，あ，い，う，え，お，と続いていく杖。けれども，아，なのか，あ，なのか，すっきりとわかった日がない。ずっとそう。ますますわからなくなっていく。杖が，摑めない[10)]。

この小説の主人公は韓国に留学をしている在日コリアンである。彼女は朝目覚めたとき，自分が韓国語の「杖」をつかんでいるのか，日本語の「杖」をつかんでいるのか，判然としない。ここでは両者の間で葛藤するという展開だが，クレオールのように，どちらでもないという選択肢があり得ることを示していたのかも知れない。また，こうした行きつ戻りつというプロセスを示し，現実とは次元の異なる想像の領域を表現していることに，「物語」の契機を見いだすこともできるだろう。

温又柔もまたこの主人公のように言葉の「杖」を探していたと言える。冒頭で引用した文章をあらためて見てみたい[11)]。

言葉の響きから「祖母のコトバ」「母のコトバ」，そして自分の「コトバ」を探すさまは，フィクションではないものの，音を通して言葉の「杖」を探す「由熙」のエピソードに共通する要素がある。また実際，温又柔が小説で描く人物にも，同様の思考のプロセスを確認することができる。

9）リービ英雄『我的日本語』（筑摩書房，2010年）においても，この部分が議論されている（p. 103）。
10）李良枝『由熙』講談社，1989年，p. 124。
11）前掲の引用を参照。

それだけでなく，個人のアイデンティティについて「考える」ことの先に，家族の「コトバ」を探すことを通して，家族の歴史を「物語」にしている点に注目する必要がある。温又柔に直接言及してはいないが，以下の指摘はこの点について検討する手がかりを与えてくれる。

> 戦前にまで遡った「外地の日本語文学」をめぐる議論から，現代に特徴的な日本語を「母語」としない日本語作家の活躍や貢献の問題まで，従来の議論は，作家自体の複数言語使用（そうしたなかでの最終的な日本語の「選択」）をめぐる問題に偏ってきたということである。しかし，ここで私が提起したいのは，選りすぐりの多言語使用者である日本語作家が試みたひとつが，名もない「バイリンガル」たちに名を与え，その日常生活のなかでの複数言語使用を物語の一部としてフィクショナルに再現する，そのような作業だったということだ[12)]。

文学作品を読み，読解して新たな解釈を提示しようとする際，どうしても主人公の分析に重点を置く傾向がある。またそれが定石ではあるのだが，この引用は，そこにとどまることなく，主人公がおかれたバイリンガル，あるいはマルチリンガルの環境，家族を含めた複数言語使用の世界に目を配る必要があると説いている。温又柔の例で言えば，祖母が体験した台湾語と日本語の世界，そして，母が経験した台湾語と中国語，さらには台湾語と中国語と日本語の世界への注目であり，そうしたバイリンガル，マルチリンガルな環境を「継承」し，文学を創作することの意義を考えるという意味である[13)]。マジョリティの「日本人」読者に向けて，こうした複数言語使用のあり方を示す姿勢は，小林エリカが祖母のことに言及した問題ともつながっている。だとすれば，「文学」においては，ある意味で「複数言語使用」が常に問題になっているのかも知れな

12）西成彦『バイリンガルな夢と憂鬱』人文書院，2014年，pp. 145-146。
13）日比嘉高「移民文学の現在地――温又柔の描く女系の〈トランスランゲージング〉」『日本文学』70（10），2021，pp. 2-12を参照。ここでは「トランスランゲージング」という概念で同様の課題を論じている。また，文学とトランスリンガルという視点で論じた以下の論考も参考になる。佐野愛子「「トランスリンガルな文学」と教育におけるその可能性」『立命館文学』（683），2022，pp. 183-196。

い。

議論をさらに続けるには力も勉強も足りないので，言語教育と文学研究との文脈に引き戻すと，この書籍で検討されている「継承語教育」は，まさに「日常生活のなかでの複数言語使用」を文学に先んじて研究している[14)]。まだ消化できていないが，今後の「日本語文学研究」を考えるときに重要な示唆を得られると期待している。

では，文学研究が継承語教育に対して貢献できることは何なのか。この問いを頭の片隅に置きながら，本書に関連する論文や刊行書を素人なりに探している時に，北出慶子，嶋津百代，三代純平編『ナラティブでひらく言語教育　理論と実践』（新曜社，2021 年）という本を見つけた。人文・社会科学領域において「ナラティブ・ターン」と呼ばれる状況が生まれ,「物語論」がさまざまな研究で応用された点では，すでに文学研究が言語教育，そして継承語教育に貢献している。そこで，先ほどの問いを「では自分が継承語教育に対して貢献できることは何なのか」と切り替えてみて思いついたのは,「物語」の思考的・想像的側面に関する貢献である。

同書で着目する「ナラティブ」は，その機能面であり,「物事や経験に意味づけをする行為」（p. 3）である。文学研究における「物語論」もそうした側面に注目してきたが，つい最近,「物語思考＝ストーリーシンキング」という概念と出会い，興味を持っている。神経科学を学んだ後，文学で博士学位を取得した経歴を持つ，アンガス・フレッチャーの著書『世界はナラティブでできている　なぜ物語思考が重要なのか』（田畑暁生訳，青土社，2024 年）において注目するのは,「なぜ」とともに「もしこうなったらを考える」,「推測」の役割であり,「未来」について考えるという「物語」の形式的側面である（p. 11)。「ナラティブ」の機能を解明するのが,「現在から過去」もしくは「過去から現在」の視点だとするならば，フレッチャーが着目するのは,「現在から未来」もしくは「未

14)「移動する子ども」という視点で温又柔について論じたものに以下がある。川上郁雄「『移動する子ども』という記憶と温又柔」『長崎大学 多文化社会研究』, Vol. 4，2018，pp. 86-87。注 13 における研究を含めて,「継承語」に関係する研究は他にも想定できる。機会をあらためて，日本語文学について考えてみたい。

来から現在」を想像する視点だと言える。また，「物語」という形式・フォーマットを経験・体験することの意義である。

フレッチャーが「物語思考」と対比するのは「論理思考」である。この点では，先に挙げた『ナラティブでひらく言語教育　理論と実践』とも共通の地平にあると言える。ただし，違いがあるとすれば，フレッチャーの場合，語られた後の「ストーリー（ナラティブ）」や，語る行為である「ストーリーテリング」よりもむしろ，そうした所産や行為の手前で行われている思考，つまり「ストーリーシンキング」に焦点を当てている。

とはいえ，実際にどのように「物語思考」を行うのか。この点については，「(1) 例外を優先する」「(2) 視座を移動する」「(3) ナラティブな対立を扇動する」(pp. 20-21) と3つの要件を挙げている。これらの三要件を，「継承語」にかかわる人々が，マイノリティとしての存在を「優先」し，マジョリティとの，あるいは，世代間などの「視座を移動」しつつ，「ナラティブな対立」のなかに身をとどめてみると言い換えるとき，「日本語文学」を通して考えてきたことと親和性があることに気づいた。

おわりに

「論理的」に考えることと同じくらい，「物語的」に考えたらどうなるか。文学研究者という条件に，日本人と韓国人の間に生まれた三人の子どもたちと過ごす父という条件を加えるならば，私が考えるべきことは，もしかしたらこれなのか。「ナラティブな対立」には，共有や一体感をもたらす可能性があると同時に，時に後味の悪いものを残す可能性もある。そのとき抱いた違和感をどのように受け止めたら良いのか。文学作品のなかにはこうした悩みを抱えた人物が無数に登場する。自分は，文学研究者として，そうした人物たちの姿を追い，その役になりきってみるという経験・体験から何かを得てきたが，両親ともに日本人である私が子どもたちの抱える葛藤のすべてに共感できるとは限らない。だとすれば，子どもたちに何かを教えるというよりも，伴走者として，彼らの「ストーリーシンキング」そして「ストーリーテリング」に向き合うことが重要なのか。

継承語教育について私が考えることができたのはここまでである。

参考文献

Kondo-Brown, K. (2002). Heritage language development. In B. J. Guzzetti (Ed.), *Literacy in America: An encyclopedia of history, theory, and practice* (vol. 1, pp. 219-223). ABC-CLIO.

Polinsky, M. (2017). Heritage language narratives 1. In D. M. Brinton, O. Kagan & S. Bauckus (Eds.), *Heritage language education: A new field emerging* (pp. 149-164). Routledge.

『安部公房全集』28（2000），新潮社

アンガス・フレッチャー著，田畑暁生訳（2024）『世界はナラティブでできている　なぜ物語思考が重要なのか』青土社

李良枝（1989）『由熙』講談社

温又柔（2016）『台湾生まれ　日本語育ち』白水社

川上郁雄（2018）「『移動する子ども』という記憶と温又柔」『長崎大学 多文化社会研究』，Vol. 4，pp. 73-91

北出慶子，嶋津百代，三代純平編（2021）『ナラティブでひらく言語教育　理論と実践』新曜社

小林エリカ（2009）『この気持ち　いったい何語だったらつうじるの？』理論社

佐野愛子（2022）「「トランスリンガルな文学」と教育におけるその可能性」『立命館文学』（683），pp. 183-196

トムソン木下千尋（2021）「継承語から繋生語へ―日本と繋がる子どもたちのことばを考える」，『「移動する子どもたち」―ことばの教育を創発する』12 号，pp. 2-23

中家晶瑛（2023）「ニューカマー親子の継承語教育・学習への認識と親子関係の様相」，『「移動する子どもたち」―ことばの教育を創発する』14 号，pp. 3-30

中島和子（2017）「継承語ベースのマルチリテラシー教育―米国・カナダ・EU のこれまでの歩みと日本の現状」『母語・継承語・バイリンガル教育（MHB）研究』131，pp. 1-32

西成彦（2014）『バイリンガルな夢と憂鬱』人文書院

日比嘉高（2021）「移民文学の現在地――温又柔の描く女系の〈トランスランゲージング〉」『日本文学』70（10），pp. 2-12

リービ英雄（1998）『国民のうた』講談社，1998 年

リービ英雄（2010）『我的日本語』筑摩書房，2010 年

第１部
継承語から見えてくる親の意識・子どもの自己形成・アイデンティティの変容

第2章

日本における継承語としての中国語教育
——中国人母親へのインタビュー調査から見えてきたこと——

郭　俊海

はじめに

日本は深刻な少子高齢化の課題に直面している。この問題に対処するため，日本政府は留学生や外国人労働者の受入れ拡大など，さまざまな施策を実施してきた。その結果，日本に在住する外国人や外国籍児童の数が急増している。公立学校における日本語指導を必要とする外国籍あるいは外国にルーツを持つ児童生徒の数は，令和5年度に約7万人にも達した。外国籍児童生徒の母語多様化も進み，特に中国語を母語とする生徒がポルトガル語とともに最も多い状況となっている（文部科学省 2023[1), 2024[2)]）。これに伴い，文化的背景や言語の違いから，これらの生徒のアイデンティティの確立や，日本人児童と共に学ぶためのインクルーシブな教育システムの構築が，家庭や教育現場で大きな課題となっている。

文部科学省は，外国籍児童生徒の受入れを通じて，日本人児童生徒と共に学ぶ機会を提供することが，広い視野を育む上で意義があると位置付けている（文部科学省 2019[3)]）。しかし，外国籍児童生徒の母語や母文化を尊重し，その習得をサポートする重要性が強調されているものの，具体的な施策や系統的な実態調査はまだ進んでいないのが現状である。したがって，まずは外国籍児童生

1）「令和5年度 日本語指導が必要な児童生徒の受入状況等に関する調査結果」（https://www.mext.go.jp/a_menu/shotou/clarinet/genjyou/1295897.htm）（2024.10.23 閲覧）
2）「外国人の子供の就学状況等調査」https://www.mext.go.jp/b_menu/toukei/chousa01/shugaku/1266536.html（2024.10.23 閲覧）
3）「帰国・外国人児童生徒等の現状について」https://www.mext.go.jp/a_menu/shotou/clarinet/genjyou/1295897.htm（2024.3.24 閲覧）

徒の家庭内での言語環境や言語使用の実態を調査し，保護者が母語・母文化教育に対してどのような態度を持ち，どのような言語選択や言語教育の実践を行っているか，さらに家庭と学校の間でどのような連携が可能であるかといった課題を明らかにすることが重要である。これは，適切な教育支援を提供し，インクルーシブな学習環境を構築するための第一歩となると考えられる。

これまでの研究では，外国籍児童生徒に対して，「文化的・言語的に多様な子ども（Culturally and Linguistically Diverse children，CLD児）」，「外国にルーツを持つ子ども」，「移動する子ども」，「外国につながる子ども」，「移民の子ども」など，さまざまな表現が用いられてきたが，本章ではこれらを一括して「外国籍児童生徒」とする。

1．継承語とは

「継承語」については，これまでの研究では統一された定義が確立されていない。むしろ，研究の進展や対象とする言語によって，その定義や範囲は多様に変化してきた。一般的には，継承語とは，家庭やコミュニティ内で日常的に使用される社会の非優勢言語を指すとされるが，扱われる文脈や目的によって，その定義や解釈が異なる場合がある。以下に，継承語の定義の変遷を概観する。

継承語教育の研究は主に北米で始まり，原住民や移民コミュニティの言語維持・保存の必要性，そしてバイリンガル教育に対する関心から発展してきた。「継承語（Heritage Language: HL）」という概念は，1970年代にカナダで使われ始め，当時は英語やフランス語といった公用語以外の少数言語を指す用語として用いられていた（長谷川 2002；Kagan et al. 2017）。例えば，Fishman（1999, 2001）は，米国との社会的・歴史的関係から，継承語を「原住民の言語（Indigenous Language）」，「植民地の言語（Colonial Language）」，「移民の言語（Immigrant Language）」の3つに分類している（Hornberger & Wang 2008：4に引用）。しかし，1990年代以降，「継承語」という概念は，アメリカや北米において政策や教育などの学術分野でも広く使われるようになった（Hornberger & Wang 2008）。その背景には，多文化社会の進展に伴い，移民の子どもたちが家庭で話す少数言語を，単なるコミュニケーションの手段としてだけではなく，文化的財産としても捉えるべきだという認識が広まり，バイリンガル教育の必要性が高まったことが挙げられる。

カナダやアメリカをはじめとする北米での継承語研究の発展に続き，グローバリゼーションの進展や国境を越えた人々の移動の急増に伴い,「継承語」という概念はますます広く使われるようになっている（Trifonas & Aravossitas 2014）。上述した通り，従来，継承語は主に先住民の言語やヨーロッパからの植民者によってもたらされた言語を指していたが，近年では移民の母語や社会の非優勢言語を指すようになり，その範囲は拡大しつつある。たとえば，Rothman（2009：156）は，アメリカにおけるロマンス語話者を例に取り，以下のように定義している。

> 継承語と見なされる言語とは，その言語が家庭で話されているか，または幼い子どもが身近に接することができる環境にあり，さらに重要なのは，その言語が社会（国全体）において支配的な言語でないことである（引用者訳）。

継承語の定義は，その社会的・文化的文脈における役割によって時代とともに変化し，現在では広く社会の優勢言語以外の言語を指すようになった。例えば,「コミュニティ言語（Community Language）」,「移民の言語（Immigrant Language）」,「家庭言語（Home Language）」,「母語（Mother Tongue/Native Language）」などを一括して「継承語」と定義している Shin（2013）や Kagan et al.（2017）は，その代表的な例である。

このように，継承語は多様な言語状況を含む概念として，さまざまな文脈や条件で使用されるようになってきており，特に家庭やコミュニティで使用される移民の言語を指す傾向が強まっていることが特徴である。

日本における継承語研究では，継承語は「母語・継承語」（齋藤 2005；高橋 2019）や「母語」（湯川・加納 2021；近藤 2022），さらには「子どものことば」（小林 2022）など，さまざまな用語が使用されている。また，継承語としての中国語を指す場合は,「継承中国語」や「母語・継承語」,「継承語としての中国語」などの表現が用いられることがある。Li（2023）は，継承中国語話者を「少なくとも中国語を母語とする片方の親のもとに生まれ，家庭で中国語（標準中国語または他の方言）に触れて育ち，学校では中国語以外の言語で教育を受けている学習者（引用者訳)」（p. 4）と定義している。

本章では，継承語の定義とその範囲について，Rothman (2009)，中島（2010)，Li (2023）の定義をもとに，家庭内で使用される社会の非優勢言語を「母語」または「継承語」とし，「母語・継承語」と同義に扱う。そして，「普通話」(Mandarin Chinese）を中国語とする。

2. 継承語教育の意義

継承語教育の重要性は，さまざまな視点から指摘されている。Au (2008）は，言語資源の観点から，アメリカにおける移民の子どもたちが社会の優勢言語である英語に囲まれた環境で生活する中で，継承語の維持が重要な課題であると強調している。そして，移民の子どもたちが母語を失うことは，個々のアイデンティティだけでなく，社会や国全体に対しても深刻な影響を及ぼすことに警鐘を鳴らしている。

> 子どもたちが母語を失うことは，社会全体にとって大きな損失となる。子どもとその親は，最も自然な形でコミュニケーションを行う手段を失い，コミュニティはその文化的遺産を失う危機に直面する。国にとっては，国内外で文化の架け橋となる貴重な人材を失うことにつながる（p. 337, 引用者訳)。

このように，継承語の喪失は家族の絆やコミュニティの文化的アイデンティティに影響を与えるだけでなく，国家レベルでの多文化社会の発展や国際関係における重要な資源を失う恐れもある。

また，Cummins & Swain（1986）は，バイリンガル教育の立場から「二言語相互依存説」を提唱し，子どもが持つ母語の知識や技能が第二言語の習得と発達に大いに役立つと主張している。そして，母語と第二言語のバイリンガリズムが言語の発達や教育上の発達にプラスの影響を与えるだけでなく，母語の熟達度から第二言語の成長をも予測できるとし，母語習得の重要性を強調している（カミンズ・中島 2021)。この主張は，近年，多くの実証研究で支持されており，例えば，外国籍児童生徒の母語での作文教育の経験が，日本語の作文を書く力にもプラスの影響を与えることが確認されている（仲江 2022）。

さらに近年，言語教育やコミュニケーションの新たなアプローチとして「トランスランゲージング（Translanguaging）」が注目を集めている（湯川・加納 2021；岩坂ほか 2023）。これは，学習者が持つすべての言語資源を活用し，複数の言語を柔軟に使い分けることで，より効果的な学習やコミュニケーションを促進するものである（Garcia & Li 2014）。継承語教育を通じて，外国籍児童生徒は自分たちの継承語を使用しながら社会の優勢言語で学ぶことができ，このプロセスを通じて両方の言語能力を高めるとともに，異なる言語環境での学習や生活をスムーズに進めることもできると考えられている。Wang & Curdt-Christiansen（2019）は，ビジネス専攻の中国人大学生を対象に行ったエスノグラフィ調査において，英語のみによる教育に比べて中国語を取り入れた多言語教育のほうが，学習をより効果的に促進する可能性を示唆し，二言語・多言語教育におけるトランスランゲージングの教育法の有効性を支持する新たな証拠を提供している。また，岩坂ら（2023）では，トランスランゲージングを取り入れることで生徒間の協働活動が促進され，日本語を母語とする生徒と外国籍児童生徒との間に存在する力の不均衡が打破されることにつながったと報告されている。このように，トランスランゲージング教育の視点からも，異なる言語背景を持つ学習者がそれぞれの母語を使って相互に学び合う環境を作ることが，言語能力の向上や文化的な理解の深化において重要であることが示されている。

さらにまた，継承語の維持と教育は外国籍児童生徒のアイデンティティ形成においても重要な役割を果たしている。Cummins（2007）は，社会的に疎外されがちなマイノリティグループの言語学習者に対して，継承語の習得や教室でのバイリンガル指導戦略の実施が，有能であるというアイデンティティの形成を促進する手段であると述べている。継承語を含むバイリンガル教育という戦略が，学習者が自信と能力を感じる助けとなり，両方の言語での読み書きやその他の学業にも効果的に取り組むことができるとしている。また，松田（2017）は，外国籍児童生徒の母語に対する社会の受入れが，これらの生徒のルーツやアイデンティティの形成，さらには学習力にも影響を与えると強調している。

継承語教育の実施は，外国籍児童生徒の自尊心を育むとともに，彼らの肯定的なアイデンティティを確立・保障することが重要である（真嶋ら 2010；遠藤 2011）。Kagan et al.（2017：2）は，「移民の子どもたちに適切な言語教育を提供することで，家庭でのバイリンガリズムを維持・発展させることができる（引用者訳）」と述べ，バイリンガル教育の重要性を強調している。逆に，外国籍児童生徒が継承語を失うと，情緒不安定になり，アイデンティティが揺らぐ問題が生じることも指摘されている（中島 2003；董・田浦 2021）。

カミンズ・中島（2021）では，母語の喪失が親子間のコミュニケーションのギャップを生み出し，それが感情的な亀裂にまで発展する可能性があるとし，その結果，子どもは家庭文化と学校文化の両方から疎外されるリスクが高まると指摘している。

> 子どもが成長して青年期を迎えるころには，親子の言語のギャップが感情の亀裂にまでなってしまいます。このため子どもは家庭文化からも学校文化からも阻害されるという予測通りの結果になるのです（pp. 67-68）。

このように，母語の維持は親子関係や学習面での成功に影響を与えるだけでなく，子どもの自尊心やアイデンティティの形成にも重要である。特に外国籍児童生徒にとっては，情緒の安定や文化的アイデンティティの強化を支えるために，適切な支援が必要とされている。

近年，グローバル化と多文化社会の進展に伴い，社会全体での多言語教育や個人における複言語能力（言語レパートリー）の重要性がいっそう強調されるようになっている（倉田・村岡 2023）。文部科学省（2019）は，外国籍児童生徒の「学力の向上」や「かけがえのない自分を作り上げていくこと」を新たな課題として掲げ，「自分の母語，母文化，母国に対して誇りを持って生きられるような配慮が必要」としている。このように，継承語の維持や学習は，個人の言語レパートリーを豊かにするだけでなく，社会全体の多言語・多文化化にも寄与するのである。

さらに，日本では共生社会の形成に向けて，インクルーシブ教育システムの構築が目指されている（文部科学省 2024）。つまり，国籍，人種，民族，言語，宗教，障がいなどに関係なく，すべての子どもが共に学び合う教育を提供することである[4)]。このような文脈において，継承語教育は言語的・文化的少数派の生徒へのエンパワーメントであり，教育における不平等を是正する手段となる。継承語教育を通じて彼らの言語的な強みを活かすことで，平等な学習機会が提供され，すべての生徒が公平に学ぶ権利を享受できるようになるのである。

3. 日本における継承語教育の課題

これまでの継承語教育に関する研究は，主に北米やオーストラリアなどの国々で行われており（Brinton et al. 2008；Trifonas & Aravossitas 2014；Li & Ma 2018），日本における研究は十分に進んでいないため，多くの課題が浮き彫りになっている。

まず，日本における継承語教育は，主に日本語教育に重点が置かれ，外国籍児童生徒の母語や継承語教育が後回しにされる傾向が強いということである。日本語の習得と「適応」教育が優先される一方で，学習支援や母語への配慮はしばしば軽視されている（穆 2008；高橋 2019）。日本における継承語教育は日本語教育のみに重点が置かれ，文化の奪取が進行している（太田 2021）。日本語教育に重点が置かれることにより，外国籍児童生徒の継承語の維持・発展が軽視され，結果として，子どものアイデンティティの形成に悪影響を与えるだけでなく，継承語の喪失が親子間のコミュニケーションを難しくし，学業成績の低下を招く可能性も生じる。

また，継承語教育に対する社会全体の意識の低さや公的支援の遅れも重要な課題である。庄司（2010）は，日本における継承語教育に対する公的支援が不足していると指摘している。その理由として，高橋（2015）は，母語教育が『親子をつなぐ』ことを主な視点として扱われ，言語が社会資本としてではなく，専らコミュニティ内の問題としてとらえられているためだと指摘し，継承語教

4）UNESCO: “Inclusion in education: Leaving no learners behind.” https://www.unesco.org/en/inclusion-education/need-know?hub=70285（2024.10.22 閲覧）

育が社会問題として十分に認識されていないことを挙げている。公的な支援が欠如していると，必要な教育資源やプログラムが整備されず，継承語の維持が困難になってしまう。これにより，外国籍児童生徒は自らの文化的背景やアイデンティティを形成する機会を失い，教育現場における孤立感や疎外感が増す恐れがある。

さらに，当事者である外国籍児童生徒やその保護者を対象にした現状分析の調査研究が不十分である。齋藤（2005）は人材の確保や外国籍児童生徒の継承語学習への動機づけなど，継承語教育に関連する多くの課題は未解決のままとなっていると述べている。史（2012）では「日本在住でマイノリティ言語を使う親の信念についての研究は乏しい」と指摘している。このような研究の不足は，効果的な教育プログラムの設計や政策立案において大きな障がいとなる可能性がある。したがって，これらの当事者の声を反映させた研究が求められる。

このように，日本における継承語教育，特に継承語としての中国語（以下，「継承中国語」）教育については，体系的な調査研究が十分に進んでいないのが現状である。とりわけ，家庭で継承語教育を実践している親の意見を集めた研究はほとんど存在しない。特定の言語に対する親の態度や信念は，「子どもとのやりとりにおける言語選択のみならず，バイリンガリズム全般に対する認識や子どものバイリンガル教育への姿勢にも影響を与える」（Houwer 1999：81）からである。親の意見や信念を考慮することは，継承語教育の効果的な実践を促進するために不可欠であり，これを踏まえた研究が求められる。実際，親の関与が子どもの言語発達に与える影響は大きく，親自身の経験や価値観を反映したアプローチが，継承語教育の充実に寄与することが期待される。

親の言語に対する態度と信念は，家庭での教育方針（Family Language Policy）を決定する重要な要因である。どの言語にどのような価値を見出し，その使用と教育にどのように関与するかは，子どもに対する言語教育に大きな影響を与える。特に，特定の言語コミュニティに所属する人々が自身の言語やその使用に対して抱く信念（language belief）やイデオロギー（language ideology）は，その言語に対する計画や実践に介入し，具体的な取り組み（language management）に影響を与える基盤となる（Spolsky 2004, 2019；Szecsi & Szilagyi 2012；Shen & Jiang 2021）からである。親が自分たちの母文化・母語をどのように捉え，それをどのように子どもに伝えようとするかは，継承語教育の効果に直接的な影響を与える。したがって，外国籍児童生徒が家庭内でどのような言語環境に置かれているのか，親が継承語教育に対してどのような意識や態度を持っているのかを明らかにすることが重要であり，そのためには，親を対象に家庭での言語選択や教育活動について調査する必要がある。

そこで，本章ではこれらの点を踏まえ，ケーススタディとして行った中国人母親へのインタビュー結果をもとに，以下の課題について考察する。

1. 継承中国語教育に対する親の意識や態度はどのようなものか。
2. 親が家庭でどのような言語選択や言語教育を実践しているか。
3. 継承中国語教育に対する学校や地域からの支援は可能か，またそれがどのような意味を持つか。

4. インタビュー調査の概要

4.1　調査方法と調査対象者

継承中国語教育に対する親の意識や態度，また家庭内における言語選択や継承語教育の現状を明らかにするために，調査対象者の視点や経験を重視した柔軟かつ探索的な質的研究というアプローチを採用した。データ収集には半構造化インタビュー法を用い，調査対象者として福岡市在住の中国人家庭の40代中国人母親を選定した。それは幼少期の母語教育において，母親との日常会話や教育活動が子どもに与える影響が大きいためである。母親は多くの場合，母語教育の実践や教育方針を決定する役割も担っている。また，この年齢層の母親を選んだ理由の一つは，子どもがある程度成長しており，継承中国語教育に関して，長期間にわたる豊富な実践経験や知見を持っていると考えられるからである。

4.2　調査の実施

回答者の感情や知見，経験に関する詳細な情報を引き出すためには，研究対象者との信頼関係を築くことが重要である。したがって，調査対象者の選定にはスノーボールサンプリング法を採用し，知人から知人を紹介してもらう方法をとった。以下，便宜上，調査対象者を「Tさん」とする。

インタビューの実施に先立ち，調査対象者に対して調査の目的やデータ（個人情報等）の取得（録音），分析・保存方法，結果の公開方法について書面および口頭で説明し同意を得た。また，回答を希望しない質問には答えなくてもよいことを説明し，調査対象者はその内容を理解した上でインタビューに参加した。

インタビュー（約1時間半）は対面で中国語を用いて実施し，必要に応じて部分的に日本語も使用した。インタビューは録音し，その後テキスト化を行った。録音はテキスト化終了後に削除した。インタビューデータはトピックコーディング法を用いて分析し，発話内容は日本語に翻訳した。インタビューは，主に以下の4つのトピックについて実施した。

1. 継承中国語の学習と教育に対する親の意識や態度
2. 家庭内における家族の日本語と中国語の使用状況
3. 継承中国語教育における親の教育方針と実践
4. 継承中国語教育における家庭と学校・地域の連携状況

4.3　調査対象者の家族構成と家庭内における言語の使用状況

表1は，調査対象者（Tさん）の家族構成を示している。Tさんは配偶者，長女，次女の4人家族である。Tさんは大学を卒業後，日本の大学院を修了し，しばらく日本の外資系企業で働いていた。仕事では日本語や中国語，そして英語を使用していた。配偶者も日本の大学院を修了し，日本の会社に勤務しており，日本語に堪能である。

長女と次女はともに中国生まれである。長女は中国で小学校2年生の途中ま

表1　調査対象者の家族構成

	年齢	学歴	来日目的・職業
配偶者	40代	大学院修了	留学・会社員
本人	40代	大学院修了	留学・主婦
長女	10代	高2	家族滞在
次女	10代	中2	家族滞在

表2　調査対象者の家庭内における言語使用状況

	配偶者 ↓	本人 ↓	長女 ↓	次女 ↓	家族全員揃っているとき ↓
配偶者 →	—	中 中	中 中＋日	中 中＋日	中
本人 →	中 中	—	中 中	中 中	中
長女 →	中＋日 中	中 中	—	中 中	中
次女 →	中＋日 中	中 中	中 中	—	中

※　中：ほとんど中国語を使用する場合
※　中＋日：ほとんど中国語だが，たまに日本語を使用する場合
※　↓→：話し手

で通っていた。次女は4歳の時に来日した。

表2は，調査対象者（Tさん）の家庭内における言語使用状況を示している。来日当初から家では常に中国語を使用し，現在もその状況が続いている。長女と次女の間では時々日本語を話すこともあるが，基本的には家族間でのやりとりは中国語を使用している。

5. インタビュー調査から見えてきたこと

5.1　継承中国語教育に対する親の態度と理由

継承語教育を行った理由について，Tさんは子どものアイデンティティの形成に必要不可欠であるから，と強調している（発話データ2)。彼女が家庭で中国語教育を始めたのは，子どもたちが来日してから約1年後のことだった。長女が来日前に中国の小学校に2年生まで通っており，一定程度の漢字の読み書きができていたため，自力で小学校2年生レベルの中国語の読み物や書き物をこなすことができた。また，家では四六時中中国語を話していたため，しばらくの間は中国語の勉強や教育を意識的に行う必要がないと感じていた。それよりも，来日当初，子どもたちは日本語を全く理解できなかったため，日本の幼稚園や学校に早く慣れることが最も重要だと感じていた。そのため，一日でも早く日本語でコミュニケーションがとれるようにすることを最優先し，中国語

教育は一時的に後回しにされていた。しかし，娘のある一言に衝撃を受けたことがきっかけで，「中国語を教えなければならない」，「子どもたちに自分たちのアイデンティティを確立させる必要がある」と強く感じるようになったという。

> 実際，日本に来た当初は，子どもに中国語を勉強させようとはまったく考えていませんでした。しかし，約1年が経つと，長女も次女も普段から日本語を多く使うようになり，外で私が中国語を話すことや，自分たちが中国から来ていることを意識するようになりました。ある日，帰宅途中に長女から「お母さん，人前で中国語を話さないで，恥ずかしいから！」との一言を聞いて，衝撃を受けました。その瞬間，これは非常に良くない兆候だと感じ，それ以来，中国語を教えなければならないと強く思うようになりました。　（発話データ1）

Tさんは，子どもへの継承中国語教育の重要性や意義についてきわめて肯定的な態度を持っている。彼女は開口一番に「アイデンティティのためだ」と揺るぎない口調で述べた。そして「日本にどれだけ長く住んでいても，日本語がどれだけ日本人のように話せても，中国人であることに変わりはありません」と続けた。この言葉から，Tさんが子どもたちにとって母文化・母語を習得することが，自分自身の出自を理解し，他人と感情を共有するアイデンティティの確立において重要だと考えていることが伝わってきた。Tさんの発言は，母文化・母語の継承が子どもたちの自己認識やアイデンティティの形成においていかに重要な役割を果たすか，そして，継承中国語教育が子どもたちの将来における自己理解や社会適応にとって欠かせない要素であることを示している。

> 海外で暮らす人なら誰もが，おそらくアイデンティティの問題に直面するだろうと思います。自分は中国人ですし…結局のところ，中国人なのだから，やはり中国人としてのアイデンティティを（子どもたちに）保っていてほしいと思っています。…明らかに（自分たちは）中国人なのに，中国語が話せなかったり，あるいは話さなかったりしたら，それは日本人の目にも変に映るかもしれません。ですので，娘たちの成長過程において，常に中国人という意識を持って成長してくれたらと願っ

ています。　　　　　　　　　（発話データ2，括弧内は筆者による補足，以下同）

この発言からは，子どもたちのアイデンティティを維持することへの彼女の強い願望が伝わり，子どもたちの文化的な背景を大切にする姿勢が見て取れた。インタビューで，Tさんが子どもたちに中国語を教える理由として繰り返し強調したのは，自分自身と中国にいる親族との感情的なつながりであった。例えば，彼女は次のように述べている。

もし中国語がわからないと，私と一緒に何かを楽しんだり感じたりすることができなくなります。互いに心が通じ合うこともできません。これは私にとってきわめて大切なことです。また，中国には祖父母や親戚もいますし，彼らとの交流も欠かせません。だからこそ，娘たちには，中国語の勉強を続けさせなくてはなりません，どうしても。　（発話データ3）

Tさんは，中国語を学ぶことが家族との絆を深め，感情を共有するために重要であると強く感じていることが伝わった。言葉が通じることで，家族や親族との関係がより豊かになり，文化的なアイデンティティを育むための一歩として，中国語の学習が不可欠であると彼女は考えている。

5.2　家庭での教育方針と教育実践

Tさんは家庭内で「常日頃中国語を話すようにしている」という教育方針（Family Language Policy）を徹底しており，この方針は彼女の子どもたちにとって，母語の維持と文化の継承において重要な役割を果たしている。例えば，彼女は次のように言っている。

家では，子どもたちも私も中国語を話すようにしています。たぶん私がいつも中国語を話しているからだと思います。家では，私はあえて日本語を使いません。そのせいかもしれませんが，子どもたちもなんとなく，私とはいつも中国語で話すようになっています。たぶん親の（どの言葉を使うべきかに対する）姿勢が影響しているのだと思います。　（発話データ4）

このように，Tさんは家庭内での言語使用が子どもたちの言語能力や文化理解に大きな影響を与えていると感じており，彼女自身の言語に対する態度が子どもたちの言語選択にも反映されていると考えている。つまり，親が一貫して母語を話し続ける方針を貫くことで，子どもたちはその言語を日常生活の中で自然に使うものとして定着させ，母語の使用が習慣として根付くようになる。また，子どもたちは家庭内のルールや方針が揺るがないことを知ることで，言語使用に対する安心感を得られ，言語習得が自然に進むことにつながると考えられる。

また，継承中国語の教育実践の一つとして，Tさんは中国の学校から『語文』（日本でいう『国語』に相当）の教科書を取り寄せ，毎日決まった時間に子どもたちに読ませたり，読み聞かせたりして中国語のレッスンを行っていた。さらに，Tさんは中国語の絵本，物語，参考書なども多数購入し，「日本語の本はほとんどなかったが，家中に中国語の本があふれるほど」と語るように，中国語に触れる環境を整えていた。このような環境づくりを通じて，子どもたちは自信を持って母語を使い，文化的アイデンティティを育むことができるようになった。

教材を用いて教えるだけでなく，TさんはYouTubeなどのデジタルメディアを活用し，中国の若者向けのテレビ番組やドラマを視聴させることも行っていた。それについて，Tさんは次のように述べている。

> 他の方法として，中国のテレビ番組などを視聴させることも行っていました。娘たちはバラエティ番組とか,「春節联歓晩会（日本の「紅白歌合戦」に相当)」などを，いつも楽しんで見ています。また，彼女たちは自力でYouTubeから面白い動画を探したり，新しいバラエティ番組を見つけて見たりもしています。(発話データ5)

これにより，楽しみながら中国語を学ぶことができるだけでなく，現代的な言語使用や文化や社会についての理解も深めることができた。この方法で子どもたちはネット上の新しい言葉や表現を学び，実際に使えるようになっているとTさんは述べており，「教えてもらうことも多々あった」と語っていた。

5.3　子どもたちの中国語能力

では，子どもたちの継承中国語の能力はどのようなものか。表 3 は T さんの自己申告にもとづく 5 段階評価による子どもたちの現時点での中国語能力の評価結果を示している。現在，子どもたちは，家庭内では常に中国語を使用しており，「読む」と「書く」に遅れはあるものの，「聴く」と「話す」においては十分なコミュニケーション能力を持っており，「完璧に意思疎通」ができているということである。

> 子どもたちは大きくなるにつれて，ますます中国語を話すようになっています。自分たちが中国のウェブサイトやバラエティ番組を見ていることも影響していると思います。時には，私が知らないネット用語や流行りの言葉を教えてもらうこともあります。（発話データ 6）

子どもたちが今後達成すべき中国語能力について，T さんは極めて高い目標を掲げている。中国語検定試験（HSK）のレベル別の目安を示す表 4 のとおり，「聴く」「話す」において最上位の 6 級，「読む」「書く」においては 5 級を目指している。これにより，T さんが子どもたちに対して非常に高いレベルの中国語能力を期待していることが明確に示されている。

家庭での継承中国語教育は，長女が小学校 5 年生まで続けられていた。しかし，受験勉強などの影響で時間を確保することが困難になり，5 年生以降は中止せざるを得ないという状況となった。子どもたちの学業や生活の変化により，中国語教育を継続することが難しくなったということである。

表 3　T さんの自己申告による子どもの中国語能力

	「聴く」	「話す」	「読む」	「書く」
長　女	5	5	4	4
次　女	5	5	4	4

（5= よくできる，4= できる，3= どちらとも言えない，2= あまりできない，1= できない）

表4　Tさんが希望する子どもの中国語能力

級別	到達目標	聴く	話す	読む	書く
6	中国語の情報を簡単に読み聴きでき，口頭や書面で自分の見解を流暢に表現できる。	○	○		
5	中国語の新聞や雑誌を読んだり映画やテレビ番組を視聴したり，比較的まとまったスピーチができる。			○	○
4	中国語で，より幅広い分野の話題について話し合うことができ，中国語を母語とする人々と自然に会話することができる。				
3	中国語で生活，学習，仕事などの基本的なコミュニケーションを行うことができ，中国旅行での大半のコミュニケーションに対応できる。				
2	日常的な話題について簡単で直接的に中国語で会話でき，初級レベルの優れた能力を持っている。				
1	非常に簡単な中国語の単語や文を理解し使うことができ，日常的なコミュニケーションができ，さらに中国語を学ぶ力がある。				

「中文考试服务网」(https://www.chinesetest.cn/HSK）をもとに，引用者作成・翻訳

どんな言語を学ぶにしても，できるだけ早く始めたほうがいいと思います。小学校5年生までが一番のタイミングかな。それ以降になると，子どもに何か新しいことを学ばせようとしてもなかなか難しいです。中学受験や塾などで，子どもたちも忙しくなるから。（発話データ7）

また，長女が小学校5年生になるまで，家で一貫して「常日頃中国語を話すようにしている」という教育方針を貫いてきたが，その後，教育方針をめぐって夫婦の間に揺れ動きがあったという。配偶者は子どもたちの日本語能力が遅れることを心配しており，子どもたちとの日常会話では日本語を話そうと試みた。このように，家での言語使用は基本的に中国語が中心であったが，配偶者が意識的に日本語を取り入れるよう努めていた。その理由について，Tさんは次のように述べている。

主人は，自分の中国人の友人たちの中で，学校で成績が優秀な子どもたちは皆，家では中国語を話さず，日本語だけを話していると言っています。彼は，家で日本語

を話せば子どもたちの成績も良くなると言って，子どもたちに対して日本語を話そうとしたりしていました。下手ですが。（発話データ8）

この語りは，母語・継承語教育の継続の重要性を理解しつつも，学業のプレッシャーや時間の制約により，その教育と社会の優勢言語の学習を優先せざるをえないというジレンマに直面していることを示している。この状況は，両親が望む教育方針と，実際に子どもたちが直面している現実との間に生じるギャップからくる心理的な葛藤を浮き彫りにしている。

5.4　学校からのサポート

Tさんは，子どもの継承語教育における学校からのサポートについて，次のエピソードを語った。彼女は，長女が小学2年生のとき，家庭訪問に訪れた担任の教師が大学時代に中国語を学んでいたことを知り，長女と一緒に中国語の文章を朗読することをその教師に提案した。この活動は，担任の教師が転任するまで約1年間続き，その共同読書活動が長女の中国語学習を継続させる原動力となったとTさんは振り返っている。

子どもが小学校2年生のとき，担任の先生が家庭訪問に来ました。その先生が大学時代に中国語を学んでいたことを知り，「よかったら私が中国語のレッスンをしましょうか」と提案しました。それから，毎日娘が使っている中国語の教科書の文章を2部ずつコピーし，娘が給食時間中に先生のところに持って行き，先生と一緒に中国語の文章を読んでいました（笑）。その間，娘は毎日楽しく中国語の学習を頑張っていました。（発話データ9）

この活動は特殊なケースかもしれないが，いくつか重要な点が読み取れる。一つは，先生と一緒に中国語の文書を朗読するという共同活動が，外国籍児童生徒の母語学習を継続させる原動力となっていることである。一般的に，教師は生徒にとって権威のある存在であり，その言動は生徒に大きな影響を及ぼす。そのため，教師が積極的に言語学習に参加することは，外国籍児童生徒が母語を学ぶ意欲やモチベーションの維持・向上を促すことにつながる。また，日本人生徒の前で行われた教師との読書活動を通じて，自分の母語や母文化が尊重されていると感じることができ，自己肯定感が高まり，アイデンティティの確立に寄与したと考えられる。これは，クラスで日本語ができない中国語を母語とする生徒のために通訳をしていた中国籍の子どもが，その経験を通じて担任の先生から褒められ，そのことが継承中国語の学習を続けるきっかけになったGuo（2022）の結果とも一致する。

おわりに――まとめと考察

本章のインタビュー調査から見えてきたことをまとめると，以下の通りである。まずは，親が継承中国語の教育と学習に対する強い肯定的な意識と態度を持っている点があげられる。特に，子どもの「恥ずかしいから」という言葉に示されているように，子どもが抱える文化的なアイデンティティや他者との違いに対する不安を払拭し，アイデンティティを強化する手段として継承語教育の重要性を母親が強く感じていることがうかがえる。

近年，国際化が進むなかで留学生や在留外国人の増加により多言語化が進んでいるとはいえ，外国籍児童生徒が非優勢言語である母語を使用する機会や場面は依然として限定的である。そのため，母語を使うことで自分がマジョリティと異なることが強く意識され，恥ずかしさや不安を感じることがある。こうした感情は，文化的なアイデンティティに対する不安や戸惑いを引き起こし，時には，母文化や母語を「障がい」と感じるようになることもある。その結果，自分たちのアイデンティティが揺らぎ，自己肯定感に影響を及ぼすことも起こり得る。したがって，継承語教育は，外国籍児童生徒が抱える不安や恥ずかしさを軽減し，母語・母文化に対するポジティブな感情を育む手助けとなり，自己肯定感の向上にもつながる。さらに，継承語の教育と学習は，親や祖国にいる祖父母，親戚との強い絆を育むだけでなく，自分の出自を意識させることによって，子ども自身のアイデンティティの形成と確立においても重要な役割を果たすことが本調査を通じて確認された。これは，継承語教育が子どもの自尊心を築き，肯定的なアイデンティティを確立するのに必要不可欠であるといった真嶋ら（2010），田慧・桜井（2017）の指摘を裏付けるものである。

継承語教育に対する親の肯定的な態度と姿勢，すなわち，明確かつ一貫した家族の教育方針が，子どもの言語や文化の継承において重要な影響を与え，継承語教育を継続するための鍵となることが示唆された。継承語学習において，親は子どもにとって最も重要なモデルであり，親の姿勢や言語習慣，教育方針が子どもの継承語学習の動機や成果に強く作用することが明らかになっている。親が明確かつ肯定的な態度を持つことは，子どもの言語自己肯定感を促進する。親が継承語に対して深い関心や愛情を示し，誇りをもって積極的に使用することで，子どももその言語に対する関心や興味を高め，学習意欲が強化される。しかし逆に，親が継承語教育に無関心であったり，あるいは他の言語（例えば，日本語や英語）を優先する態度をとったりすると，子どももその言語に対する関心や自信を失い，場合によっては継承語学習に対して抵抗感を抱く恐れもある。本章で述べたように，「家では常日頃中国語を話すようにしている」といった態度は，社会の優勢言語とは異なる母語・継承語の使用を促進し，子どもの言語習得を支援するだけでなく，親子の感情的なつながりをも強化する役割を果たしている。

また，言語環境（言語に触れる頻度と時間）が言語学習の成功に大きく影響することは広く認識されている。例えば，「家で常日頃中国語を話すようにしている」，「家では，私は日本語をあえて話しません」といった実践や，「家中は中国の本であふれている」といった語りからも，日本語が主に使用される日常の中で，子どもが視覚的・物理的に中国語に触れる環境や空間を意識的に整えることが，言語教育において重要な戦略であることがうかがえる。このように，家庭内での言語環境を工夫することで，子どもは中国語に触れる機会が増え，結果として，言語の維持や習得が促進されるのである。

さらに，継承語の教育と学習において，適切な目標設定の重要性が示唆された。特に，従来から，言語の四技能としてあげられる「聴く」，「話す」，「読む」，「書く」の中で優先順位を明確にし，それぞれに具体的かつ達成可能な目標を設定することが不可欠である。明確な目標を設定することで，子どもたちは必要なスキルを効率的に習得しやすくなる。また，優先順位をつけることで，学習の効率が向上し，より効果的に学習を進めることができる。さらに，達成可能な目標を設定することで，子どもたちは成功体験を積み重ね，自信を持って学習を続けるモチベーションを維持しやすくなるのである。

家庭における継承語教育では，しばしば読み書きの資源や機会が不足していたり，特に正規の学校教育が提供されない場合，学習環境が十分でないことが多い。さらに，読み書きの習得には時間を要し，その成果が直接的には見えにくいため，聴くことや話すことに比べて，読み書きの学習は難易度が高いと感じられがちである。したがって，目標が設定されなかったり不明確であったりする場合，子どもは学習に対する意欲が低下し，学習活動を継続することが難しくなると考えられる。

さらに，子どもの家庭での継承語学習を継続させるためには，学校や地域社会からの明示的な（explicit）サポートが重要であることが明らかになった。前節で述べたように，学校の給食時間中に，先生と一緒に中国語の文章を朗読するという事例は一般的でないものの，いくつかの重要な示唆をはらんでいる。

まず一つは，教育心理学における教師期待効果（鎌原ら 1999）に基づけば，教師の生徒に対する期待が生徒の学習成果に影響を与えることがあるという点である。クラスで外国籍児童生徒とその母語を一緒に学ぶことは，その生徒の持つ「輝かしい」点を肯定する行為であり，その生徒に対する期待を表現する一つの方法であると考えられる。生徒が自分の言語能力や文化的背景を「価値あるもの」として他者に評価されることで，自己肯定感や学習意欲の向上が促進される可能性があると言えよう。

また，継承語教育においては，言語使用の環境と機会の拡充が重要である。日常生活の中で母語を使用する機会が限られているため，母語を使う活動を取り入れることによって，生徒は母語や母文化に触れる機会が増え，母語の維持や文化的アイデンティティの強化が促進される。さらに，教師との共同活動は生徒にとって良いロールモデルとなり，母語学習への関心を高める効果も期待できる。このような活動を通じて，生徒は家庭内で母語を積極的に使用しようとする意欲を高めることができる可能性もある。

学校内での中国語読書活動は，正課外で生徒の母語や母文化に適した学習機会と環境を提供し，学校と家庭が連携するための一つの手がかりとなる。これは，生徒の母語学習において，教師からの称賛や奨励がその学習の継続に大きな影響を与える要因の一つ（Guo 2022）であり，学校の教師の言動が生徒にとって重要な模範となるからである。教師からの称賛や奨励，さらには学習を評価する場を設けることで，生徒はその言語に対してポジティブな態度を形成しやすくなると考えられる。現在，外国籍児童生徒の母語・継承語教育に対する公的支援が遅れている状況の中で，学校の教員が彼らの母語やその使用に対して積極的な態度を示すことは，生徒の母語・継承語教育を支援する上で重要な役割を果たす。

特筆すべき点は，教室という「公」の場で外国籍児童生徒と一緒にその母語を学ぶことが，日本人生徒にも大きな刺激を与え，異文化理解や多様性への意識を深めるきっかけとなることである。日本人生徒は，言語や文化の違いに気づき，異なる文化や言語への好奇心が喚起される。佐藤（2019）は，このような差異を正しく理解することこそが，他者への寛容性を育む前提であり，多文化共生教育の実践を可能にすることができると述べている。異なる言語や文化に対する理解が進むことで，クラス内で多様性に対する尊重や共感が育まれると考えられる。したがって，外国籍児童生徒の継承語学習を支援・奨励するために，教師や学校全体の意識を向上させる必要がある。さらに，例えば，学校で「多言語を学ぶ日」や放課後の「多言語の学習時間」を充実させることで，外国籍児童生徒が母語や母文化に触れる機会を増やすだけでなく，学校や地域社会全体においても，継承語や多言語教育への理解や関心が深まることが期待される。これは，フランスの学校が移民の子どもを受け入れる際に直面した課題を解決するために提案された，「学校と家庭をつなぐ」，「学校と地域コミュニティをつなぐ」（ナタリー・大山 2022）といった取り組みにも通じるものである。学校教育と家庭，地域社会との連携を強化することにより，バイリンガル教育や多文化共生教育はより効果的に実施されると考えられる。

しかし，本研究は一人の中国人母親の事例に焦点を当てたものであり，継承語を学ぶ子どもの実際の言語使用と運用能力を把握するためには，家庭内の言語環境や子ども自身を対象とした参与観察の実施が必要となる。特に，家族の教育方針について子どもの視点を取り入れる必要がある（Degu 2021）。これを今後の課題として，さらに研究を深めていきたいと考えている。

（本稿は科研費 21K00788 の助成を受けたものです。インタビュー調査にご協力いただいた調査対象者のTさんに感謝申し上げます）

参考文献

Au, T. K.(2008). Salvaging heritage languages. In D. Brinton, O. Kagan & S. Bauckus. (Eds.), Heritage language education: A new field emerging. 337-351. NY: Routledge.

Kagan, O. E., M. M. Carreira & C. H. Chik. (Eds.). (2017). The Routledge handbook of heritage language education: From innovation to program building. NY: Routledge.

Cummins, J. (2007). Rethinking monolingual instructional strategies in multilingual classrooms. *The Canadian Journal of Applied Linguistics*. 10(2): 221-240.

Cummins, J. & Swain, M. (1986). Bilingualism in education. NY: Longman.

Garcia, O. & Li, W. (2014). Translanguaging: Language, bilingualism and education. NY: Palgrave Mac Millan.

Guo, J.H. (2022). Teaching and learning Chinese as a heritage language in Japan, CLaSIC2022: *Foreign Language Education in the 21st Century: Review, Re-Conceptualize and Re-Align*, National University of Singapore, 2022.12.

Shen, C. & Jiang, W. (2021). Heritage language maintenance and identity among the second-generation Chinese-Australian children. *Bilingual Research Journal*. 44: 6-22.

Shin, S. (2013). Bilingualism in schools and society: Language, identity and policy. p. 77. NY: Routledge.

Spolsky, B. (2004). Language policy. Cambridge: Cambridge University Press.

Spolsky, B. (2019). A modified and enriched theory of language policy (and management). *Language Policy*.18: 323-338.

Szecsi, T. & Szilagyi, J. (2012). Immigrant Hungarian families' perceptions of new media technologies in the transmission of heritage language and culture. *Language, Culture and Curriculum*. 25: 265-281.

Trifonas, P. P. & Aravossitas,T. (2014). Rethinking heritage language education. p. xiii. Cambridge University Press.

Degu, Y. A. (2021). Exploring family language policy in action: Child agency and the lived experiences of multilingual Ethiopian and Eritrean families in Sweden. *Multilingual Margins: A Journal of Multilingualism from the Periphery* 8(1): 26-51.

Brinton, D.M., Kagan, O. & Bauckus, S. (Eds.) (2008). Heritage language education: A new field emerging. Routledge. *Modern Language Journal*. 89(5): 585-592.

Houwer, A. D. (1999). Environmental factors in early bilingual development: The role of parental beliefs and attitudes. In G. Extra & L.Verhoeven. (Eds.), *Bilingualism and Migration*. Berlin: Mouton de Gruyter. pp. 75-96.

Hornberger, N. H. & Wang, S. (2008). Who are our heritage language learners? Identity and biliteracy in heritage language education in the United States. In Brinton, D. M., Kagan, O. & Bauckus, S. (Eds.) Heritage language education: A new field emerging. pp. 3-35. NY: Routledge.

Fishman, J. A. (1999). Handbook of language and ethnic identify. Oxford: Oxford University Press.

Fishman, J. A. (2001). 300-plus years of heritage language in the United States. In J. K. Peyton, D. A. Ranard & S. McGinnis (Eds.). Heritage languages in America: Preserving a national resource. pp. 81-89. Washington, DC. Center for Applied Linguistics.

Rothman, J. (2009). Understanding the nature and outcomes of early bilingualism: Romance languages as heritage languages. *International Journal of Bilingualism*.13(2): 153-163.

Li, G. F. & Ma, W. (Eds.) (2018). Educating Chinese-heritage students in the global–local nexus: Identities, challenges, and opportunities. NY: Routledge.

Li, Z. (2023). Identity of Chinese heritage language learners in a global era. NY: Routledge.

Wang, W. & Xiao Lan Curdt-Christiansen. (2019). Translanguaging in a Chinese-English bilingual education programme: A university-classroom ethnography. *International Journal of Bilingual Education and Bilingualism*, 22(3): 322-337.

岩坂泰子・佐野愛子・櫻井千穂（2023）「文化的言語的に多様化する教室における英語教育実践：トランスランゲージング・クラスルームを枠組みとして」『母語・継承語・バイリンガル教育（MHB）研究』19: 59-75.

遠藤織枝（2011）「第 8 章　社会とことば」遠藤織枝（編）『日本語教育を学ぶ［第二版］その歴史から現場まで』pp. 192-211, 三修社.

太田真実（2021）「中国語使用に対する意識の変容過程と継承語教育のあり方―幼少期に中国から来日した若者のライフストーリーをもとに」『ジャーナル「移動する子どもたち」―ことばの教育を創発する』12: 74-91.

鎌原雅彦・竹綱誠一郎（1999）『やさしい教育心理学』第 5 版, 有斐閣アルマ.

カミンズ, J. &中島和子（訳著）（2021）『言語マイノリティを支える教育 新装版』pp. 67-68, 明石書店.

倉田尚美・村岡英裕（2023）「日豪における外国とつながる人々の言語レパートリーの多様性とアイデンティティの事例研究―言語能力・使用の自己評価の分析と言語政策への示唆―」『言語政策』19: 17-30.

小林美希（2022）「JSL 高校生が第二言語である日本語で「書く」ことにはどのような意味があるか―子どもの「ことばの実態」から考える―」『ジャーナル「移動する子どもたち」―ことばの教育を創発する』13: 38-71.

近藤美佳（2022）「公立学校における母語教室活動を学校に「開く」取り組み―母語教室公開イベント「タプカム DAY」の実践報告―」『母語・継承語・バイリンガル教育（MHB）研究』18: 81-93.

佐藤郡衛（2019）『多文化社会に生きる子どもの教育―外国人の子ども，海外で学ぶ子どもの現状と課題』pp. 110-114, 明石書店.

斎藤ひろみ（2005）「日本国内の母語・継承語教育の現状と課題：地域及び学校における活動を中心に」『母語・継承語・バイリンガル教育（MHB）研究』1: 25-43.

史傑（2012）「日本の国立大学における外国人大学院生家庭でのバイリンガル及びトライリンガルの子どもに対する言語ポリシー研究」『国際基督教大学学報 I-A 教育研究』54: 189-203.

庄司博史（2010）「「資産としての母語」教育の展開の可能性―その理念とのかかわりにおいて―」『ことばと社会　移民と言語②』pp. 7-47, 三元社.

高橋朋子（2015）「日本の母語教育の現状と課題」CAJLE 2015 Annual Conference Proceedings. 330-339.

高橋朋子（2019）「中国にルーツをもつ子どもの母語・継承語教育」近藤ブラウン妃美・坂本光代・西川朋美編『親と子をつなぐ継承語教育―日本・外国にルーツを持つ子ども』pp. 253-267, くろしお出版.

田慧昕・桜井千穂（2017）「日本の公立学校における継承中国語教育」『バイリンガル教育（MHB）研究』13: 132-155.
董剣秋・田浦秀幸（2021）「在日中国人家庭児の継承語と日本語能力に関するケース・スタディー：バイリンガリティーの観点から」『立命館言語文化研究』33(1): 185-208.
仲江千鶴（2022）」「公立高校における JSL 生徒への効果的な支援の内容と方法—生徒が書いた L2 作文に変化を促した要因から見えてくるもの—」『母語・継承語・バイリンガル教育（MHB）研究』18: 94-111.
中島和子（2003）「JHL の枠組みと課題—JSL/JFL とどう違うか」『母語・継承語・バイリンガル教育（MHB）研究』プレ創刊号 : 1-11.
中島和子（2010）『マルチリンガル教育への招待—言語資源としての外国人・日本人年少者』p. 14, ひつじ書房.
ナタリー・オジェ著・大山万容訳（2022）「フランスにおける移民の子どもの受け入れ－バイリンガリズム（複言語主義）の承認と発展を目指す学校のために」大山万容・清田淳子・西山教行編著『多言語化する学校と複言語教育—移民の子どものための教育支援を考える』pp. 131-146, 明石書店.
長谷川瑞穂（2002）「カナダの多言語主義の政策と言語教育」河原俊昭編著『世界の言語政策—多言語社会と日本』pp. 161-188, くろしお出版.
真嶋潤子・沖汐守彦・安野勝美（2010）「大阪府および兵庫県の外国人児童・生徒の母語教育」『母語・継承語・バイリンガル教育（MHB）研究』6: 112-120.
松田陽子（2017）「第 1 章 多文化児童の母語育成をめぐる課題と言語教育政策」『多文化児童の未来をひらく—国内外の母語教育支援の現場から—』pp. 8-21, 学術出版.
穆紅（2008）「二言語環境下の中国人児童生徒の母語保持要因—母語の認知面に注目して—」『母語・継承語・バイリンガル教育（MHB）研究』4: 27-47.
湯川笑子・加納なおみ（2021）「「トランス・ランゲージング」再考：その理念，批判，教育実践」『母語・継承語・バイリンガル教育（MHB）研究』17: 52-74.

第3章

親子中国語母語教室への参加による親の意識変容

――中国出身の母親と日本人の父親との比較を中心に――

姚　瑶
藤本　悠

はじめに

国を超えて人の移動が益々盛んになり，外国人移住者が増加する中，外国にルーツを持つ子どもも増えている。移住者によって持ち込まれる言語・文化は個人・家族・社会・国の貴重な言語・文化資源である（中島 2017）。移住者の子どもたちにとって外国出身の親から継承する言語は「母語・継承語」と言われる。中島（2017）は母語・継承語の重要な役割について，「子どもの人格形成，アイデンティティの確立，学力獲得」を挙げている。

中国にルーツを持つ子どもの母語・継承語教育として，日本では公立学校での母語教室，民族学校での国語としての中国語教育，地域が支援する教室などが挙げられる（髙橋 2020）。筆者らの居住地である兵庫県X市は外国人散在地域であるため，公立学校での母語教室や民族学校が存在しない。そこで，中国にルーツを持つ子どもの母語・継承語教育を支援するため，筆者らは大学の社会貢献活動の一環としてX市と連携し，親子中国語母語教室を開催した。

本章では，親子中国語母語教室への参加による親の意識変容，特に中国出身の母親［以下，母親（中国人）］と日本人の父親［以下，父親（日本人）］との相違点を明らかにし，また，外国人移住者として来日した母親が抱える精神的な苦悩や葛藤について，親子中国語母語教室に参加した母親（中国人）4名と父親（日本人）3名を対象としたインタビューの調査結果をもとに検討し，さらに親子中国語母語教室の有効性についても考察する。

1. 母語と継承語

母語と継承語について，中島（2017：15）は，「日本を含めてアジアでは同意語のように使われることが多いが，実は両者には微妙な違いがある」と主張する。

筆者らは母語を「子どもが生まれて最初に覚える言語，または子どもが生活の中で自然と身につけた言語」と定義し，継承語を「親の母語，または親から受け継いだ言語であり，民族の言葉で子どものルーツとなる言語でもある」と定義する。

母語と継承語の違いについて，中島（2022：33）は「習得順序・時期」，「到達度」，「使用頻度」，「内的アイデンティティ」，「外的アイデンティティ」の5つの側面で以下のように比較した。

（1）母語

①習得順序・時期：一番初めに覚えた言語，②到達度：最もよく理解できる言語，③使用頻度：最も頻繁に使用する言語，④内的アイデンティティ：アイデンティティが持てる言語，⑤外的アイデンティティ：人に母語話者だと思われる言語。

（2）継承語

①習得順序・時期：一番初めに覚えた言語，②到達度：現地語のプレッシャーでフルに伸びない言語，③使用頻度：主に家庭で使用する言語，④内的アイデンティティ：アイデンティティが揺れる言語，⑤外的アイデンティティ：人に母語話者だと思われて恥ずかしい思いをすることがある言語。

外国出身の親の母語が子どもにとって，「母語」となるのか「継承語」となるのかは，子どもの家庭環境や成長段階によって変化する。子どもが生まれ育った国や地域で自然に身につけた言語は「母語」と言えるが，その国や地域で生まれ育っていなくても，親が自分の母語を用いて子どもを育てた場合，子どもが身につけたその言語も「母語」と言える。一方，親の母国ではない国や地域で生まれ育ち，その国の言葉を先に身につけた子どもが，第二言語として親の母語を学習する場合，それは「継承語」とされる。

本章では母語と継承語の違いを区別せず，外国出身の親の母語を子どもに伝えるための教育を「母語・継承語教育」とする。

2. 問題の所在

外国出身の親の母語継承に着目した先行研究には，子どもが親の母語や母文化に関心を持たないことが親子関係にもたらす影響（武田 2007），外国出身の母親の言語・文化・教育についての考え方と子どもの言語・文化の習得との関係性（鈴木 2010），就学前の子どもを対象とする母語教育を行う外国出身の親の社会心理的要因の分析（ゴロウィナー・吉田 2017）などがある。

しかしながら，母語・継承語教育に対する外国出身の親の意識や心理的問題に関する研究，特に中国語を母語とする母親と日本人の父親との比較に関する研究は少ない。筆者らは母語・継承語教育の試みとして，2022 年から 2023 年にかけて 7 回にわたり，親子で参加する中国語母語教室の活動を行った。7 回の活動終了後，4 名の母親（中国人）および 3 名の父親（日本人）を対象にインタビュー調査とその分析を行い，親子中国語母語教室に参加してからの親の意識変容，特に母親（中国人）および 3 名の父親（日本人）の相違点を明らかにし，さらにその要因を探った。

3. 研究の内容と実施

3.1　親子中国語母語教室の実施

親子中国語母語教室（以下，母語教室）は 2022 年 8 月から 2023 年 2 月にかけて，計 7 回実施された。参加した子どもの年齢は 3～9 歳であった。

3.2　調査協力者と調査方法

(1) 調査協力者

調査は 2023 年 5 月 1 日から 2023 年 5 月 21 日にかけて調査協力者の居住する兵庫県 X 市において実施された。調査協力者は，母語教室に参加した 4 名の

表1　調査協力者一覧（母親（中国人））

協力者	年齢	職業	日本滞在年数	子どもの年齢	子どもに話しかける時の使用言語	子どもが返答する時の使用言語
A	30代	会社員（契約社員）	13年	8歳	中国語/日本語	中国語/日本語
B	30代	会社員（パート）	11年	5歳	中国語/日本語	日本語
C	30代	会社員（パート）	3.5年	9歳,7歳	中国語/日本語	日本語
D	40代	保育補助（契約社員）	18年	7歳	中国語/日本語/朝鮮語	日本語

表2　調査協力者一覧（父親（日本人））

協力者	年齢	職業	中国語レベル	子どもの年齢	子どもに話しかける時の使用言語	子どもが返答する時の使用言語
b	50代	会社員（正社員）	少しできる	5歳	日本語/中国語	日本語
c	40代	会社員（正社員）	できる	9歳,7歳	日本語/中国語/英語	日本語
e	60代	公務員	できない	4歳	日本語	日本語

母親（中国人）（A, B, C, D）および3名の父親（日本人）（b, c, e）であった。なお，Bとb，Cとcは夫婦で，ほかの調査協力者は単独で母語教室に参加した。

調査協力者の詳細は表1，表2の通りである。調査実施の順番に従ってそれぞれ，A，B，C，D，b，c，eの記号をつけた。

（2）調査方法

母語教室に参加した4名の母親（中国人）および3名の父親（日本人）にインタビューを行った。インタビューは主に以下の3つの質問項目をもとに半構造化で行った。

1. 母語・継承語教育に対する自身の意識の変化はどのようなものか
2. 母語・継承語教育に対する家族の意識の変化はどのようなものか
3. 母語・継承語教育に対する学校，地域社会の変化はどのようなものかインタビューは筆者（姚）の研究室にて，1人ずつ個別に実施した。所要時間はそれぞれ1時間から1時間半で，先に調査内容および目的や倫理について説明を行い，了解を得た上で録音した。使用言語に関しては，母親（中国人）は中国語を選択し，父親（日本人）は日本語を選択したが，2つの言語が堪能な協力者は両方の言語を使うこともあった。録音の内容はそれぞれテキスト化を行った。

本章では，量的研究で測ることのできない参加者の多様な考えを捉えた変容モデルの生成を目指し，テキストマイニングのソフトウェアの一つであるKH Coder（樋口 2004）を用いて分析した。テキストマイニングは，コンピュータ処理によって言葉から抽出したキーワードを数量化し，多変量解析による概念化も可能であることから（林 2002），質的データから人の洞察では明らかにできない定量的かつ客観的な結果を導き出すことができる（今井 2018）。また，一定のルールに基づく数学的なモデルを適用することによって，研究者のスキルや経験に依存せず，再現可能な分析を行うことができるため，自然言語を扱う分野における科学的客観性を担保する上で重要な手法といえる。テキストマイニングの使い方は分野によって異なり，実際に採用する手法も大きく異なるが，インタビューの分析においては，研究者自身の洞察による質的帰納的分析とテキストマイニングを組み合わせることで，研究者の解釈を科学的な視点で裏付けることができると期待できる。したがって，本章はテキストマイニングおよび質的帰納的分析法を併用した混合分析法で分析を行った。分析に使用したKH Coderは日本語に特化したテキストマイニングソフトであり，バックエンドでは統計パッケージのRが使用されている。テキストマイニングは英語圏での利用が盛んであり，ChatGPTなどの生成系AIにおいてもテキストマイニングの技術が使われているが，日本語で利用する場合には様々な制約があり，日本語環境のテキストマイニング環境を整えるには専門的な知識やプログラミングのスキルが必要となる。KH Coderはそうした設定を行うことが簡単であり，プログラミングのスキルがなくても使用できる。今回は最も基本的な分析手法の一つである共起分析を用いた。

一般的にテキストマイニングではデータクレンジング⇒分析⇒可視化⇒解釈という工程を経る。本章の場合には，まず，母親（中国人）へのインタビューと父親（日本人）へのインタビューを比較検討できるように，母親（中国人）のインタビュー内容を日本語に翻訳するとともに，表記のブレなどの統一を行った。その後，KH Coder を用いてインタビュー内容を一文ごとに切り出し，各文章に含まれる名詞と動詞を取り出し，前後5語以内の言葉の組み合わせの抽出を行った。最終的な可視化段階ではRのパッケージの一つであるigraphによってネットワークを構築した。

一方，質的帰納的分析では，録音のテキストを意味ある文節に区切ってコード化した後に，コード内容の類似性に基づいてグループ化およびサブカテゴリー化し，さらにサブカテゴリー内容の類似性に基づいてグループ化し，最終的にカテゴリーに分類した。そして，最後に2つの分析結果を総合し，テキストマイニングによる分析結果を質的帰納的分析に照らし合わせながら，インタビュー内容の考察を行った。

4. テキストマイニングによる分析結果

図1～4はKH Coderによって構築した共起ネットワークである。共起ネットワークは各質問において，同じ文に同時に現れる単語の組み合わせによって構築され，本章の場合には最小出現数が2回以上で，上位60以上の高頻出の組み合わせを用いた。なお，各単語の出現頻度についてはノードの大きさによって表現されている。

インタビューデータにおける共起分析の利点は異なるインタビュー対象から共通して現れる傾向を読み取ることができるという点である。特に，長尺のインタビューを複数の相手に対して行う場合，話者ごとに共通して現れる単語を定量的に扱うことは重要である。定量的に扱うことによって，研究目的に対して全体的な傾向を知ることが可能となる。

この分析の結果の場合，母親（中国人）と父親（日本人）の両方について，母語教室の活動前と活動後では「活動」というキーワードが共通して現れている。そして，母親（中国人）の共起ネットワークでは,「活動」のキーワードは家族関係を連想させる語と結合し，父親（日本人）の共起ネットワークでは「母語」と「継承」と結びついていることがわかる。

この結果から，次のような仮説が立てられる。母親（中国人）は家族間の異文化コミュニケーションに不安や葛藤を抱えており，活動に参加することで，それらの解決や緩和を図ろうとしていたのではないか。一方，父親（日本人）は，そもそも母親（中国人）の不安や葛藤に対する関心がそれほど高くなく，活動の成果として「母親（中国人）の母語継承」という観点からは意義を感じているものの，母親（中国人）の不安や葛藤に対する理解は十分に進んでいないのではないか。

そこで，この仮説を元に，インタビューの内容そのものに立ち返って，母親（中国人）と父親（日本人）が活動の前後でどのような発言をしていたかについて，次節で整理する。

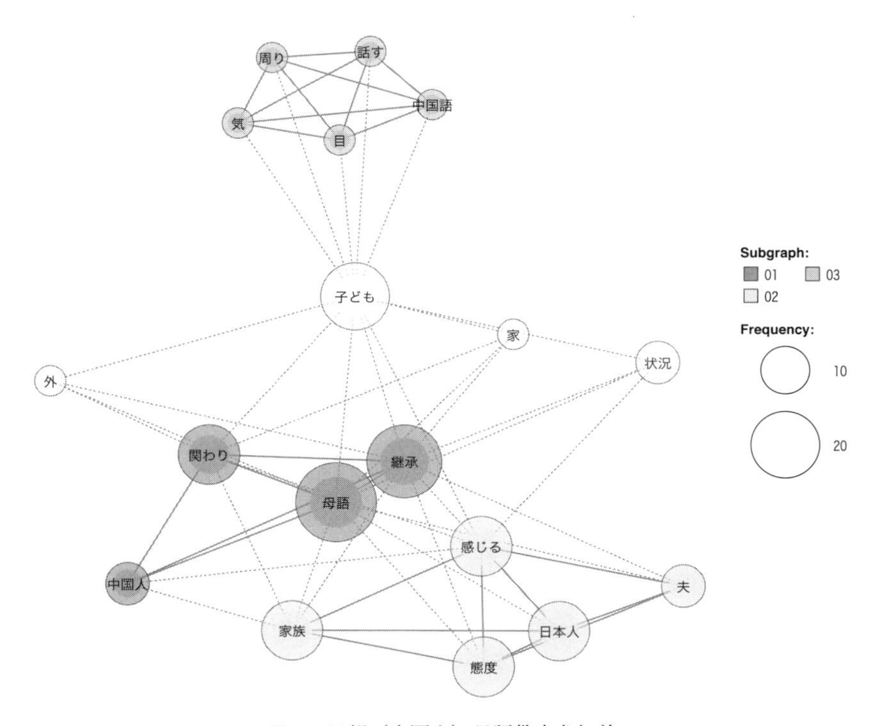

図1　母親（中国人）母語教室参加前

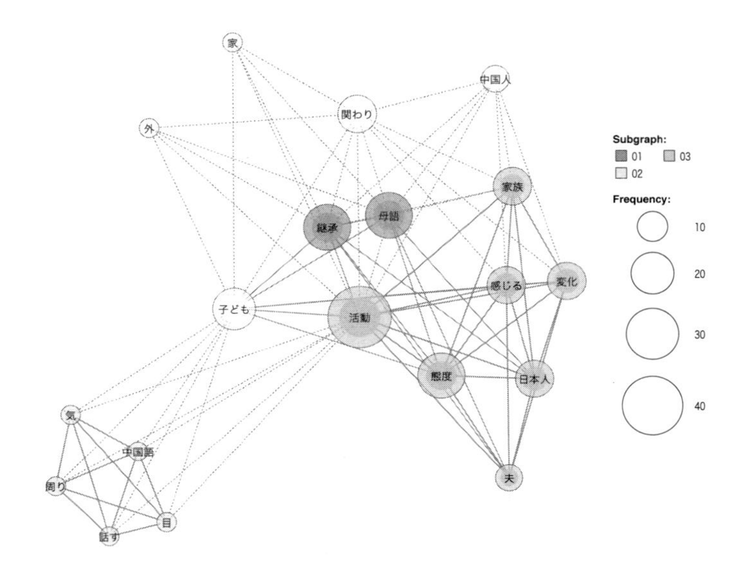

図2　母親（中国人）母語教室参加後

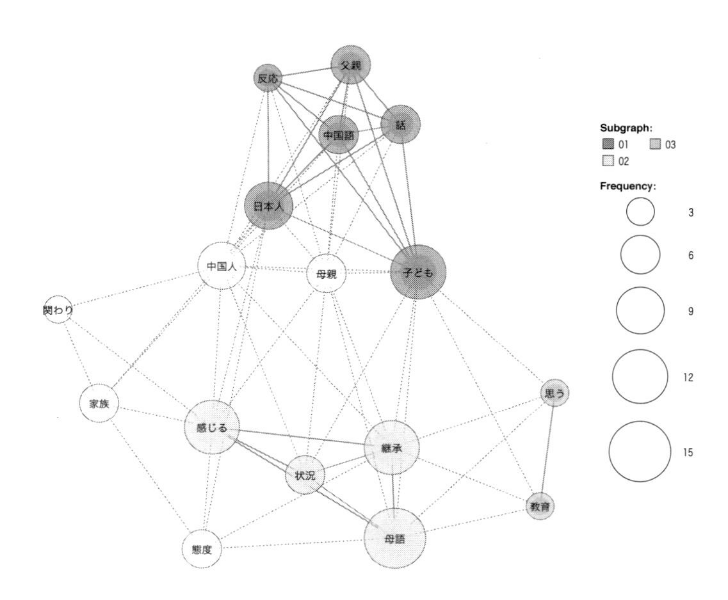

図3　父親（日本人）母語教室参加前

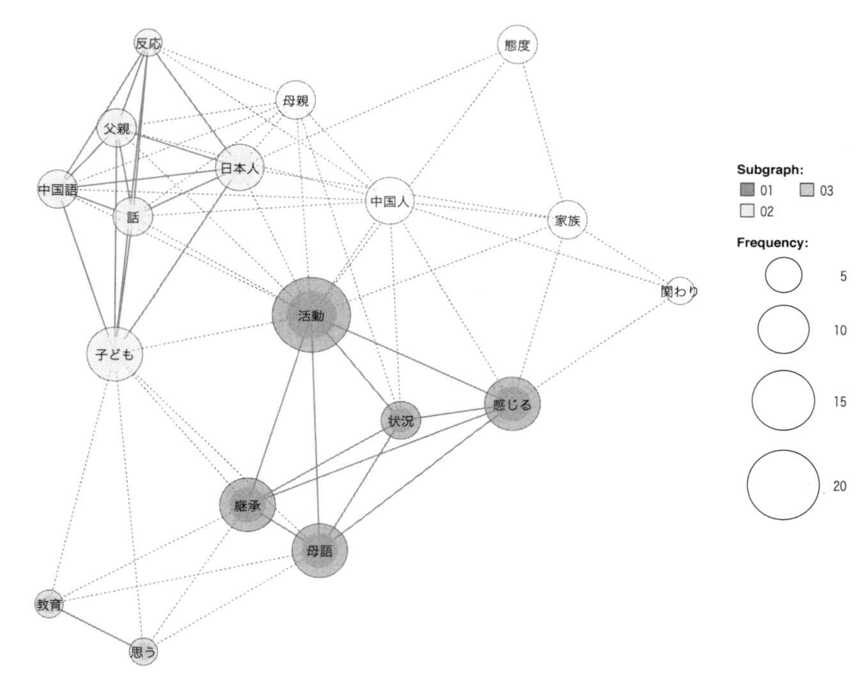

図 4　父親（日本人）母語教室参加後

5. 結果

共起ネットワークの結果から立てられた仮説について，インタビューの内容を整理する。まず，母親（中国人）について，インタビュー内容をカテゴリー化する。発話データのアルファベットは表 1，表 2 で示す調査協力者一覧のアルファベットである。

5.1　母親（中国人）の意識変容

5.1.1　父親（日本人）の協力姿勢による意識変容

A の夫（日本人）は母語教室に参加していなかったが，その意識や行動には変化が見られた。A は以下のように語った。

A：他有时候像一些中国的报纸啊，他会剪下来，他会留给我，或者电视上有一个什么关于中国的节目他会录下来。（時々，彼は中国の新聞を切り抜いて私にくれたり，中国に関するテレビ番組を録画しておいてくれたりした。）

これらの行動は，以前はなかったという。A母子が積極的に教室に通う姿がAの夫にも影響を与え，中国に関する報道に興味を持ち始めるなどAの夫に変化が見られた。Aは夫の変化を感じ，自分の努力は無駄ではない，意味のあることだと思い始めた。

Bの夫（b）は，仕事の関係で中国に出張や滞在したことがあり，中国語も少しできる。母語教室に参加するのは，母語・継承語教育に関心があるというより，中国人妻の居場所づくりのためだと語る。bも教室の活動に参加し，次第に傍観者から参加者に変わっていく。子どもの母語・継承語教育のためだけではなく，bも一緒に中国語を勉強し始めた。Bはbの努力について，このように語った。

B：我在努力的迎合他学日语，他也会努力的迎合我学中文，感觉不是自己一个人在付出，他也在一点点付出，真的就是参加这个活动以后。（私が彼のために日本語を学び，彼が私のために中国語を学ぼうとする。私だけが頑張っているのではなく，彼も頑張ってくれていると感じたのは母語教室に参加してから。）

bの行動は，Bが一人で頑張っていると感じていた孤独感を和らげ，さらに子どもの母語・継承語教育に力を入れようと思うきっかけとなった。

Cの夫（c）は留学，仕事などで中国に長期滞在した経験があり，中国語が堪能である。最初の数回は，cは参加していなかったが，C母子が家庭でも母語教室の話をよくすることで，cも参加し，それ以来，毎回参加するようになった。Cの話によると，普段，子どもと一緒に行動することが少ないcであるが，唯一積極的に参加した親子の活動は母語教室だという。

C：爸爸的话从前和孩子们一起参加的东西是真的没有的，我为了这个事跟他经常吵架的。他就说他周末需要自己的时间。但是从第一次中文课，我就觉得特别特别

惊讶，他居然愿意一起来。然后现在每次都会来。（中略）也是对我的这种努力的一种肯定。（お父さんは以前は子どもと一緒に何かをすることがなかった。そのことで何度も喧嘩した。週末は自分の時間が必要だと言っていた。でも，彼が母語教室に一緒に来たいと言うので，本当に驚いた。そして今では毎回来てくれるようになって，（中略）自分の努力が認められた感じ。）

cの変化を見て，Cは母語・継承語教育に対してよりポジティブに考えるようになった。父親（日本人）の意識の変化によりCは達成感を感じ，承認欲求が満たされた。

5.1.2　子どもの中国語学習に対する教育意欲の向上

Aは「觉得会有意识的去增加这些对话（意識的に【中国語の】対話を増やす努力をしている）」という。

A：就是想让他说的更多，让他知道的更多，让他发音再纠正纠正，让他说的更好一些，对他的要求会更高一些。有一种要孩子学得更好的欲望。（もっと話してほしい，もっと知ってほしい，もっときれいな発音をしてほしい，もう少し上手に言えるようになってほしい，と子供への期待がますます高まった。子どもにもっとしっかり学んでほしいという欲がある。）

子どもに母語・継承語教育を行うためには，膨大な時間と労力を費やさなければならない。他の子に負けてほしくないと思う親心がAの母語・継承語教育の意欲を高めた要因の一つだと考えられる。

Bの教育意欲と子どもの学習意欲が相乗的に高まったことが以下の語りからうかがえる。子どものポジティブな反応が継続的に母語・継承語教育を行おうとするBの行動を促す要因となった。

B：我教他的时候他会复述。就增加了说中文的次数。有教他的欲望了。（中略）想再继续教他。你想学我就想教，（中略）努力得到回报，（中略）还是很有成就感的。（私が教えると繰り返すようになったので，中国語を話す回数も増えた。教えたいという意欲が湧いてきた。（中略）子供が学びたいなら，私は教え続けたい。（中略）努力が報われた感じ。（中略）達成感はやはり大きい。）

Cは母語・継承語教育に対する自身の意識変容を感じ，さらに，「父母就有一种责任感。我觉得很开心，努力有了回报（親も責任を感じている。努力が報われたと思い，とても嬉しい）」という。

5.1.3　日本人の家族の理解と協力による意識変容

Bの義母（日本人，bの母）は中国に好感を持ち，孫の母語・継承語教育を肯定的に捉える。さらに，Bの義母は，孫の母語教室への参加や，家庭内での母語・継承語教育にも協力的な姿勢を示したとBは言う。Bの義母のこれらの行動はBの自己肯定感の向上にポジティブな影響を与えたと思われる。

Cは母語教室に参加する前は，毎週週末に義父母（日本人，cの父母）が経営している喫茶店で仕事を手伝っていたが，母語教室が日曜日に開催されるため，その時は喫茶店の仕事ができなくなった。しかし，Cの義父母は母語教室がある時はC親子が参加できるように「理解を示し，サポートしてくれる」とCはいう。日本人の家族による理解と協力により，Cの継続的な母語教室への参加が実現でき，母語・継承語教育をより積極的に行うようになった。

Dは母語教室に参加してから，義父（日本人）や義兄弟（日本人）がD親子のルーツや文化的背景に「興味を持ち始めた」と感じているという。彼らは母語・継承語教育に理解を示したり，母語教室の時にお弁当を作ってくれたりして協力・応援している。Dも家族の期待に応えるように，さらに子どもの母語・継承語教育に力を入れている。

具体的なエピソードについて，Dは以下のように語った。

D：読绘本我录像给他的爷爷看，他们夸他好厉害呀，表扬他。家人也很支持，礼拜天带他去学中文的时候，丈夫的哥哥给做午饭，还问他今天学了什么，说说看。对我们开始感兴趣。五一的时候，他把绘本拿出来念给家人听，大家都夸他。（子どもが中国語の絵本を読んでいるところをビデオに撮って，おじいちゃんに見せたら，「上手だね」と褒めてくれた。家族も協力的で，日曜日に母語教室に行った日，夫の兄がお昼ご飯を作ってくれて，（子どもに）「今日どんなことを習ったのか教えて」と聞いてくれたりして，私たちに興味を持ち始めた。ゴールデンウィークに子どもが中国語の絵本を取り出して家族の前で読んだら，みんながほめてくれた。）

5.1.4　中国人の家族からのプレッシャーが軽減したことによる意識変容

A は「我爸很高兴。我觉得好有面子，得到我父母的肯定（父はとても喜んだ。両親が肯定的に評価してくれて，誇らしく思う）」と語った。A が中国人特有の，他者からの尊敬や評価を得たいと考えたり，体面を守ることを重んじる「メンツ文化」に影響を受けていることがうかがえるエピソードでもある。

B は中国人の家族が喜ぶ姿を見て，子どもの母語・継承語教育にさらに力を入れようと思ったと語る。

B：我觉得爸妈都开心呢，只要他说出一个中国话，就很简单的一句你好，我的爸妈都开心。希望她能和他们说得更多。（両親とも喜んでくれていると感じている。ごく簡単な挨拶でも，子どもが中国語を口にするだけで，両親は嬉しがるので，子どもがもっとたくさん両親に話すようになってほしい。）

C の両親（中国人）は孫の母語教室での成長を知り，「感动得要流泪了（感動して泣きそうだった）」。C の子どもは中国人の祖父母に褒められ，C も「有一种比较自豪，比较被肯定的感觉（誇らしく，肯定されるような感覚があった）」という。

D の場合は，母語・継承語教育の方法や成果を両親（中国人）に褒められ，誇りを感じ，もっと頑張らなきゃと思うようになったという。

D：他们很支持我，肯定我的成果。表扬我说，像你这样带孩子没错。会和我弟弟，亲戚朋友家比较，表扬，认可我教育孩子的方法。觉得自豪，还要继续努力，给了我继续努力的动力，觉得被肯定。（彼ら（両親）は私をとても応援し，認めてくれた。子育てが上手だと褒めてくれて，私の弟，親戚，友人の家庭と比較して，私の子どもの教育方法について褒めて認めてくれた。誇りを感じ，もっと頑張らなきゃと思った。さらにモチベーションが高まって，自信がついた。）

5.1.5　言語資源・文化資本の価値に対する再認識

母語教室に参加したことによって，母親（中国人）の「中国人」というアイデンティティに対する意識変容も起きた。また，「中国語」の言語資源・文化資本の価値が再確認された。

A は母語教室に参加する前から母語・継承語教育に対する関心が高く，母語教室に参加してからは，「母親自身の帰属意識も大切だ」と感じ，「中国人」である自分のアイデンティティがさらに強まったことがうかがえる。

A：我时时刻刻提醒着我是中国人。妈妈自己的归属感也很重要。妈妈一定要站好自己的那个位置。（私は常に自分が中国人であることを意識している。母親としての帰属意識はとても重要であり，しっかりと自分の立ち位置を保たなければならないと感じている。）

B は「中国語」の言語資源・文化資本の価値を再認識し，「子どもが中国に行っても，日本に残っても，その国の役に立つ人間になれる」と語った。

D は「中国語」の将来性を見据え，子どもにもっと勉強してほしいと考える。

D：本来中国语吧，现在不是世界共同语，过几年的话就马上是世界共同语嘛，让他学点中文。（今は世界の共通語ではないけど，数年後には世界の共通語になるんだから，中国語をもっと勉強してほしい。）

5.1.6　地域社会の言語的・文化的理解による孤立感の緩和

A は母語教室に参加する前から，中国出身の知人がいたにもかかわらず，交流する機会がほとんどなく，常に孤独だった。母語教室には A と同じ境遇の母親（中国人）が多く，互いに認め合う場でもあった。チラシなどで母語教室のことを知った他の中国人や日本人の知人からも声をかけられるようになったという。A は以下のように心境を語った。

A：觉得不那么在意了，身边好多妈妈都是中国人，不光说自己一个人是中国人，有一种归属感，也更自信了，（中略）我觉得我们自己原来的一种孤独感变成有人对我们的感兴趣，然后有一种被肯定的感觉。（孤独感はあまり気にならなくなった。私の周りには中国人の母親がたくさんいるし，自分が一人の中国人だという自覚だけでなく，帰属意識も芽生え，自信もついた。（中略）孤独感は，他人から興味を持たれている感覚に変わり，そして肯定されている感覚に変わったように感じる。）

母語教室の最終回は成果発表会だった。C は成果発表会のことを子どもの学校や習い事の教室などに宣伝し，周囲の理解と協力を得た。C は地域社会に理解され，受け入れられていると感じ，認められている感覚もあると話した。

5.1.7　変化がなかった日本人夫に対する失望感

前述のとおり，A の夫は中国に関する報道に興味を持ち始めるなどの意識変容が見られた部分もあったが，母語・継承語教育に対する意識の変化はほぼ見られなかった。A は「積極的で協力的な夫」を望んでいるが，「徐々に彼を無視するようになり，期待しなくなった」と変化していく。

D の夫は単身赴任中という事情もあるが，A の語りと同様に「夫の無関心」という言葉が目立つ。D は「私の考えを理解してほしいと思うが，彼は私の気持ちを全く理解できない。諦めた方が楽になれる」と考えるようになった。

A，D が母語教室に参加する前から，日本人の夫はこのような態度であったが，積極的に母語教室に参加する B，C の夫との比較によって，変化しなかった夫に対する不満が増幅したと考えられる。

5.2　母親（中国人）の葛藤

5.2.1　子どもに複数言語を同時に教えることの不安

B は母語・継承語教育を重要だと考えているが，日本語と中国語を同時に習得することで「子どもの言葉の発達が遅くなるのでは」と心配し，家庭では日本語を話し続けた。その結果，子どもは中国語の「聞く」と「話す」両方の技能がほぼできない状況となっている。

Cの子どもは兄弟で母語教室に参加している。子ども（兄）について，Cは次のように語った。Cの子ども（兄）は3歳の時に来日し，当時は日本語が全くできなかったため，Cは中国語の教育より日本語を習得させることに重きを置いた。子ども（兄）はすぐ日本の生活に慣れ，日本語の力も順調に伸びたが，中国語の力は急激に落ちていった。特に発音の正確さについて，Cは以下のように心配する。

C：哥哥现在的发音跟日本人一模一样，他的舌头是卷起来的。就是受到日本的这个影响。（お兄ちゃんの今の発音は日本人とまったく同じで，舌が縮こまっている。これは日本語の影響だ。）

Dの子どもが3歳児健康診査を受けた時，Dは担当の保健師に「子どもが小さいうちは一度に2つの言語を吸収するのは無理だから，日本では日本語だけで生活した方がいい。お母さんが2つの言語を話すと混乱しそうだから，統一すべき」と言われた。保健師の専門性を信じ，自分の母語を教えることをやめ，家庭内の使用言語を日本語のみにした。しかし，母語教室に参加するようになってから，母語・継承語教育に関する知識が身につき，他の母親（中国人）との交流も増えたことで，Dは母語・継承語教育に対する理解が深まり，その重要性を再認識したと言う。Dは，一時的に母語・継承語教育をやめたことについて「今は後悔している。（保健師が言っていたことは）全然関係ない」と嘆いていた。

5.2.2　子どもの母語拒否に対する悩み

Aは中国人の知人から，子どもに「恥ずかしいから外で中国語を話さないで」と言われた悩みを打ち明けられた。Aは自分の子どもも同じことを思っているのではないかと心配し，それ以来，外で子どもと中国語で話すことはほぼなかった。しかし，内心では言語や文化の伝承ができない危機感と喪失感を感じている。

Bも同様の悩みを抱えている。Bは以下のように語った。

B：他不说你自己国家的语言，就觉得还是挺失落的。家里都不说，他在外面也是从来不会主动说的。(子どもが自分の国の言葉を話せないと，やはり落ち込む。家でも話さないし，外に出ても自発的に話すことはない。)

Dは前述したAの知人と同じようなことを経験した。Dは子どもに自分のアイデンティティを否定されたことで喪失感を抱き，さらに，中国ルーツであることを隠そうする子どもの行動を心配している。

5.2.3　母語使用時に感じる周囲からの視線

AとCは日本人の家族の前では，子どもと中国語を話すことはなかった。理由を尋ねると，AとCは，「相手の反応が気になって，気を遣うから」，「周りの反応を気にしているから」と答えた。

BとDは家族を含め，中国語がわからない人の前で，子どもと中国語を話さない。陰で悪口を言っていると思われたくないからだという。

5.2.4　日本文化と母文化の板挟みの辛さ

Aは定期的に子どもに中国人の家族とテレビ電話をさせているが，子どもの言語力や文化理解が不十分なため，家族とのコミュニケーションがスムーズにいかないことが多い。そのため，中国人の家族に責められることもあったという。

A：我们中国人打电话说爷爷好，你要起码要问人好，就是中国的这个传统文化，一种礼貌，这种教育。这样是没有礼貌，觉得会被认为没有教育好孩子。(私たち中国人は電話で「おじいちゃん，こんにちは！」とか，ちゃんと挨拶する。それは中国の伝統文化で，礼儀であり，教育でもある。挨拶しないと，ちゃんと躾けられていない子どもとみなされる。)

Cも同様な経験があり，日本人の家族にも中国人の家族にも理解されず，日本文化と母文化の板挟みに悩む。

C：我爸妈说我为什么不在家跟他说中文，我说在日本上学他用的是日语，他用不上中国话。父母就责怪我，很无奈的这种心情，父母是不能理解的。（両親から，なぜ家で中国語を話さないのかと言われ，日本の学校では日本語を使っているから中国語は使えないと言ったら両親に責められた。私のやるせない気持ちは両親にわかってもらえなかった。）

5.3　父親（日本人）の意識変容

5.3.1　妻の母語に対する教育的理解と協力

b（Bの夫）は他県からの移住者で，母語教室に参加した最初の目的は，中国人である妻の居場所づくりだったという。b自身が母語教室に参加し始めてから，その目的が変化していく。bの妻（B）はインタビューの中で「彼が私のために中国語を学ぼうとする」，「子どもに中国語を教えるように促すようになった」などと語っており，bが妻の母語に対する教育的理解を深め，協力しようとしていることがわかる。bは仕事の関係上，中国に出張することが多く，かつて本人も少し中国語を習っていた。母語教室に参加する回数を重ね，次第にもっと中国語を勉強したい，中国語を喋りたいという気持ちが強くなったという。

eは中国語はできないが，母語・継承語教育に賛成している。また，eは母語教室に全日程参加し，母語・母文化教育の大切さに対する理解がさらに深まったという。子どもに「中国人としての部分に自信を持ってほしい」と語る。

e：子どもが母親の中国語を理解してくれたらいいなと思って。（中略）中国語や中国文化に関しては，やっぱり教えてあげたいし，中国に行って，経験を積んでほしいな。そのことについて，自信を持ってくれるといいなって思うね。特に日本人としてでなく，中国人としての部分に自信を持ってほしいね。

5.3.2　母語・継承語教育についての日本人の家族の理解促進

母語教室の最終回である成果発表会は新聞で報道され，B親子の写真が新聞に載った。bはその新聞記事を日本人の家族に見せ，賞賛と母語・継承語教育への理解を得た。bは子どもと中国人の妻（B）がチャレンジしている姿を自分の家族に知ってもらい，理解を深め，応援してほしいと語った。

c（C の夫）は日本人の家族によく母語教室での出来事を話し，家族全員が母語・継承語教育を応援してくれるよう働きかけている。c は「家族全員で次世代にこの命を繋げる」と話した。

5.3.3　妻と子どもが持つ言語資源・文化資本の価値への理解と尊重

b は中国人である妻（B）の気持ちを第一に考え，「中国語で喋る環境」を作る大切さを強調し，「彼女にとって一番心が休まるコミュニティにしてあげたい」と語った。さらに，「子どもにもっと中国語を話してほしい」と語っていることから，母語・継承語教育や母語教室に対する肯定的な意識がうかがえる。

e の妻（中国人，当母語教室の講師）は母語・継承語教育に対して強い信念を持っている。e が「母親は日本語と中国語どちらも同じように獲得してほしいと思ってるから，引かない母親に強い信念があることを理解していて，何としてもこの子が半分中国人の姿になるように」と語ったことから，e には妻を理解し尊重しようとする姿勢がうかがえる。また，e は子どものアイデンティティについて，以下のように語った。

> e：父親として一番思うのは，子どもが自分の出自に自信を持って生きてほしいということ。日本人が日本で生まれ育つと特にそれに自信を持つことはないかもしれないが，外国で生まれ，日本で育つとなると，何となく後れを取っているように感じることもある。だからこそ，どこの出身であろうと，自分の母親が中国人であることを誇りに思い，また，自分自身も中国語や中国の文化・歴史について自慢できるようになってくれたらいいなと思う。

さらに，e は子どもに「そのままの自分を受け入れ，誰からも後ろ指さされることはないという自信を持ってほしい」と語り，妻と子どもが持つ言語資源・文化資本の価値への理解と尊重が非常に深いことがうかがえる。

5.3.4　子どもの成長による母語・継承語教育の意欲向上

父親（日本人）たちは成長する子どもの姿を見て，母語・継承語教育に対する意欲がさらに向上した。

bの子どもは母語教室に参加するようになって，スーパーで買い物する時，時々中国語の単語が出てくるという。「中国語をもっと勉強して，いろんなことにチャレンジしてほしい」とbは語った。

c，eは子どもの言語能力の高さ，言葉を獲得していくスピードの速さに驚き，これからも応援すると母語・継承語教育への意欲を示した。

6. 考察

6.1　母親（中国人）の調査結果の考察

母親（中国人）の調査結果から母語教室に参加した後，「父親（日本人）の協力姿勢による意識変容」，「子どもの中国語学習に対する教育意欲の向上」，「日本人の家族の理解・協力による意識変容」，「中国人の家族からのプレッシャーが軽減したことによる意識変容」，「言語資源・文化資本の価値に対する再認識」，「地域社会の言語的・文化的理解による孤立感の緩和」というカテゴリーが抽出された。これらは，家族関係や日本人コミュニティにおける自身の不安と葛藤に関わる内容であり，母語教室に対する期待としては，そうした不安と葛藤の解消を求めていたと考えられ，結果として，母語教室への参加が不安と葛藤の解消に繋がっていることが分かった。

「父親（日本人）の協力姿勢による意識変容」のカテゴリーでは，父親（日本人）の態度は母語教室に参加してから，無関心から協力へと変化する。母親（中国人）は父親（日本人）の変化を感じ，母語・継承語教育に対してよりポジティブに考えるようになった。母親（中国人）と父親（日本人）の意識変容による相乗効果があったと考えられる。

「子どもの中国語学習に対する教育意欲の向上」のカテゴリーでは，母親（中国人）には母語教室に参加してから2つの変化が現れた。1つ目は中国語を使う頻度の変化である。4人の母親（中国人）全員が「母語教室に参加してから，子どもとの中国語の使用頻度が増えた」と語った。2つ目は子どもに対して意図的に中国語を使用し，教えるようになったことである。母語教室に参加する前，母親（中国人）のほとんどは家庭でも子どもに中国語を使用するが，中国語が通じない場合，すぐに日本語に切り替える傾向があった。さらに，子どもが日本語を用いて返事をする時には，母親たちがそれを容認し，仕方がないと諦めることが多かった。しかし，母語教室に参加するようになってからは，子どもの中国語学習に対する母親（中国人）たちの教育意欲に変化が見られた。我が子が他の子どもに負けないように，母親（中国人）は家庭内外で子どもに中国語を使う頻度を意識的に増やし，中国語教育にさらに力を入れることになった。このライバル意識が母親の教育意欲の向上につながったと考えられる。

「日本人の家族の理解・協力による意識変容」のカテゴリーでは，日本人の家族に母親（中国人）のルーツや文化的背景に対する理解があったことで，母親（中国人）の継続的な母語教室への参加が実現できた。さらに，日本人の家族が母語・継承語教育に協力的な姿勢を示したことが母親（中国人）のポジティブな意識変容を促したと考えられる。

「中国人の家族からのプレッシャーが軽減したことによる意識変容」のカテゴリーでは，4人の母親（中国人）全員が中国人の家族から母語・継承語教育に関するプレッシャーを受けていることがわかった。なぜ家で中国語を話さないのか，なぜ子どもの中国語が流暢でないのかと責められることもある。バイリンガル教育の大変さを理解されず，母親（中国人）たちは悩みを抱え続けてきた。母語教室への参加を通して，子どもの中国語力や文化理解力が向上したことにより，子どもだけでなく母親も中国人の家族に褒められる。「両親が喜んだ」，「私の子育ての仕方を褒めて，認めてくれた」という語りから，中国人の家族に認められたいという承認欲求が満たされたことがうかがえる。

「言語資源・文化資本の価値に対する再認識」のカテゴリーでは，母親（中国人）たちは，「中国語」の言語資源・文化資本の価値を高く評価し，再認識していることがわかった。中島（2022：187）は，移住者の持ち込んだことばは国の財産であり，そのことばを保持し，育てることは国がそれだけ豊かになるという「言語資源」の見方を日本でも取り入れたいと述べている。母語・継承語の価値は，言語資源としての面のみならず，母語・継承語の学習を通じて無意識のうちに身につき，蓄積される習慣や教養等といった文化資本の面からも重要である。そして外国出身の親が母語・母文化の言語資源・文化資本の価値を理解することによって，母語・継承語教育への意欲はより高まると考えられる。

「地域社会の言語的・文化的理解による孤立感の緩和」のカテゴリーでは，母親（中国人）が抱えるある悩みが明らかになった。前述のとおり，本章で取り上げた母語教室は外国人散在地域で行っている。この地域には中国人のコミュニティが少なく，子育てや子どもの教育についての考えが周囲に理解されず，一人で悩みを抱える母親（中国人）が多い。母親（中国人）は母語教室で自分と同じ境遇の母親たちと交流することで，孤立感が和らいだと考えられる。さらに，筆者らが母語教室の広報活動を継続した結果，行政をはじめ，学校や地域の理解も広がった。これらの活動は母親（中国人）の孤立感を緩和する一因となったと思われる。

一方，「変化がなかった日本人夫に対する失望感」のカテゴリーも抽出された。母語・継承語教育に非協力的な日本人夫に対する不満は母語教室に参加する前からあったが，母語教室に参加してからは，母親のみが努力している孤独感，不公平感がさらに高まったと考えられる。

母親（中国人）の母語・継承語教育に対する葛藤について，「子どもに複数言語を同時に教えることの不安」，「子どもの母語拒否に対する悩み」，「母語使用時に感じる周囲からの視線」，「日本文化と母文化の板挟みの辛さ」というカテゴリーがあった。これらの葛藤については，日本人である配偶者のインタビューにはほとんど現れず，母親（中国人）が抱える葛藤に対する気づきや理解が足りないことがうかがえる。

「子どもに複数言語を同時に教えることの不安」のカテゴリーでは，母親（中国人）が子どもに２つの言語を教えることに対して，ネガティブなイメージを持っていることがわかった。加えて母親（中国人）たちは専門知識が欠けているため，偏った情報を信じやすく，その不安をさらに煽られてしまう。外国ルーツを持つ子どもの親にとっては，母語・継承語教育に関する専門知識の習得や個々の子どもおよび家庭の状況にあった教育方法の確立が非常に重要だと考えられる。

「子どもの母語拒否に対する悩み」のカテゴリーでは，母親（中国人）は子どものアイデンティティの確立に対する危機感を感じ，自分のアイデンティティが否定されたような喪失感に駆られた。それと同時に，母親（中国人）は子どもの母語拒否の行動に理解も示した。外国にルーツを持つ子どもは日本社会で多くの試練と困難に直面する。これらの困難を避けるため，子どもは自分のルーツを隠す行動をとってしまうと考えられる。

「母語使用時に感じる周囲からの視線」のカテゴリーでは，4人の母親（中国人）たちは，中国語を使う時に周囲からの視線が気になるという。理由は2つ考えられる。1つ目は外国人（あるいは中国人）として注目されたくないからで，2つ目は相手がわからない言語で話すことを，悪口だと誤解されると思っているからである。そのため，子どもと母語を話すことは非常に重要だと感じる一方で，状況によっては躊躇することもあると思われる。

「日本文化と母文化の板挟みの辛さ」のカテゴリーでは，母親（中国人）は日本文化と母文化（中国文化）の板挟みになっていることがわかった。母親（中国人）の日本人の家族と中国人の家族はお互いの言語，文化，社会，風習に対する知識や理解が限られているため，母親（中国人）は日本人の家族にも中国人の家族にも理解されず，無力感と孤独感が生じる可能性がある。

6.2　父親（日本人）の調査結果の考察

前項では，母親（中国人）の意識変容および葛藤について考察した。一方，父親（日本人）にも母語教室に参加するようになってから様々な意識変容が現れ始めた。父親（日本人）の意識変容を「妻の母語に対する教育的理解と協力」，「母語・継承語教育についての日本人の家族の理解促進」，「妻と子どもが持つ言語資源・文化資本の価値への理解と尊重」，「子どもの成長による母語・継承語教育の意欲向上」の4つのカテゴリーにまとめた。

「妻の母語に対する教育的理解と協力」のカテゴリーでは，父親（日本人）は母語教室への参加を通して，中国にルーツを持つわが子の母語・母文化（中国語・中国文化）教育に対する理解が深まったと思われる。

「母語・継承語教育についての日本人の家族の理解促進」のカテゴリーでは，父親（日本人）は自身だけではなく，日本人の家族にも母語・継承語教育に協力するように働きかけ，日本人の家族の母語・継承語教育に対する理解を促した。

「妻と子どもが持つ言語資源・文化資本の価値への理解と尊重」のカテゴ

リーでは，父親（日本人）は中国語の重要性や価値に対して，肯定的に捉えていた。また，その言語資源・文化資本の価値を子どもに継承してほしいという意欲が強く現れていた。母語・継承語の習得を通して，子どもたちが自身のアイデンティティを確立し，人格を形成することこそ，母語・継承語教育の真の目的であると筆者は考える。

「子どもの成長による母語・継承語教育の意欲向上」のカテゴリーでは，父親（日本人）は子どもの能力の高さや言語を獲得するスピードに驚いたという。父親（日本人）は母語教室の活動や成果発表会などを通して，子どもたちの普段と違う一面を見たことで，母語・継承語教育の大切さをより一層理解できたと考えられる。

おわりに

本章では，親子中国語母語教室への参加による親の意識変容，特に母親（中国人）と父親（日本人）との相違点を明らかにした。

母親（中国人）と父親（日本人）は，それぞれ，母語教室への参加についてポジティブな反応を示しているが，妻と夫の間での不安や葛藤の共有は進んでいない可能性がある。

今回の母語教室をきっかけに，夫婦間で前向きに母親（中国人）の不安や葛藤について話し合われるようになれば，母親（中国人）の不安や葛藤が解消される可能性がある。しかし，母語教室が一過性に終わってしまうと，母親（中国人）は引き続き不安と葛藤を抱えたままになるかもしれない。そうした観点から，母語教室を継続することが重要だと考えられる。

ただし，本章では父親（中国人），母親（日本人）という家庭では，親の意識変容がどう異なるかまでは検討することができなかった。今後は，この視点についても，さらに深く探っていきたい。

参考文献

今井多樹子・高瀬美由紀・佐藤健一（2018).「質的データにおけるテキストマイニングを併用した混合分析法の有用性─新人看護師が『現在の職場を去りたいと思った理由』に関する自由回答文の解析例から─」『日本看護研究学会雑誌』, 41 (4), pp. 685-700.

ゴロウィナ クセーニヤ・吉田千春（2017).「就学前児童への外国人親の母語の継承における社会心理的要因―在日外国人母親によるナラティブを中心に―」『言語文化教育研究』, 第 15 巻, pp. 92-108.
志水宏吉・清水睦美編（2001).『ニューカマーと教育―学校文化とエスニシティの葛藤をめぐって―』. 明石書店.
鈴木一代（2010).「日系国際児の言語・文化の継承についての研究―外国人の母親の場合―」『埼玉学園大学紀要』, 人間学部篇（10), pp. 99-111.
髙橋朋子（2020).「中国にルーツを持つ子どもの母語・継承語教育」. 近藤ブラウン妃美ら編.『親と子をつなぐ継承語教育―日本・外国にルーツを持つ子ども―』. くろしお出版, pp. 253-267.
武田真由美（2007).「A 県における在日外国人の子育てニーズに関する探索的研究―在日外国人保護者, 行政担当者, 支援者へのインタビュー調査より―」『関西学院大学社会学部紀要』, 103, pp. 115-127.
中島和子（2017).「母語・継承語ベースのマルチリテラシー教育―米国・カナダ・EU のこれまでの歩みと日本の現状―」『母語・継承語・バイリンガル教育（MHB）研究』, 13, pp. 1-32.
中島和子（2022).『完全改訂版バイリンガル教育の方法』. アルク.
林俊克（2002).『Excel で学ぶテキストマイニング入門』. オーム社.
樋口耕一（2004).「テキスト型データの計量的分析―2 つのアプローチの峻別と統合―」『理論と方法』, 19 (1), pp. 101-115.
樋口耕一（2014).『社会調査のための計量テキスト分析：内容分析の継承と発展を目指して』. ナカニシヤ出版, pp. 17-63.

第4章

中国にルーツを持つ大学生のアイデンティティ形成要因

――葛藤から自己受容へのライフストーリー――

姚　瑶

はじめに

近年，経済の国際化の進展につれて，人の移動がますます活発になっている。日本でも，日本国外から来日する親と一緒に移動してきた子どもがいる一方で，それらの親のもと日本で生まれ，成長した子どももいる。2022年5月の文部科学省の調査では，日本国内の国公私立小・中学校等に在籍する外国にルーツを持つ子どもの数は136,923人となり，年々増加傾向にある。志水（2008：17）は，外国にルーツを持つ子どもが抱える教育課題として「不就学」，「適応」，「言語」，「学力」，「進路」，「アイデンティティ」の6つを挙げている。その中でも特に「アイデンティティ」は他の5つのトピック全体に関わる「集約点としての性格を有する，とりわけ重要なもの」として捉えられている。

本章は，幼少期に中国から来日した大学生Aのライフストーリーを通して，中国にルーツを持つ子どもや若者のアイデンティティの形成要因を見出すことを目的とする。Aは成長過程でどのような葛藤を経験し，どのようにこれらの葛藤を乗り越え，最終的に自己受容できたかを明らかにする。

1.　問題の所在

アイデンティティ（identity）という英語の意味は，「その人が何者であるかということ」，あるいは「人，または集団を，他の人または集団から区別する特質」であり，自己定義である（白井他 2022：10）。知念（2020：102）は「アイデンティティは，個人の文化的背景や言語的背景と，その人が現在置かれている環境などが複雑に絡み合って確立する」と主張する。

中国にルーツを持つ子どものアイデンティティに関する先行研究は，中国語使用に対する意識の変容過程に注目した研究（太田 2021）のほか，中国帰国者3世の大学生が書いたライフストーリーから複数言語能力意識とアイデンティティとの関係性に目を向けた研究（谷口 2013）などがある。一方，言語能力が低いためにアイデンティティが混乱し，言語能力が高いことがアイデンティティを安定させるとは単純に言えないと指摘する研究もある（川上編 2010）。これらの研究から，外国にルーツを持つ子どもや若者が継承語を含む複数言語を学ぶことが，アイデンティティ形成と密接な関係にあることが分かったが，それ以外の心理的・社会的な形成要因に関する研究は限られている。このような問題意識から，本章では中国にルーツを持つ子どもや若者のアイデンティティ形成に影響を与える心理的・社会的な要因を中心に探ってみる。

2.　調査概要

2.1　ライフストーリー・インタビュー

本章ではインタビュー調査の一種であるライフストーリー・インタビュー（以下，ライフストーリー）を用いた。

ライフストーリーとは「個人が生活史上で体験した出来事やその経験についての語り」であり（桜井ら 2005：12），「その人が生きている経験を有機的に組織し，意味づける行為」である（やまだ 2000：1）。つまり，ライフストーリーは，自分自身の人生に新たな意味づけを行い，自己受容を形成する過程である。谷口（2014：46）は語られた内容だけではなく，ライフストーリーを語るという行為が当事者にどのような影響を与えるかという点も重要だと主張する。

さらに，桜井ら（2005：38）は，ライフストーリーについて，「過去の出来事や語り手の経験を表象しているというより，インタビューの場で語り手とインタビュアーの両方の関心から構築された対話的構築物にほかならない」と述べている。すなわち，ライフストーリーは語り手と聞き手の相互作用に基づく共同作業である。筆者自身も外国にルーツを持つ子どもの育児を実践しているという意味で，調査協力者と当事者性を共有している。

本章では，ライフストーリーを用いることにより，日本で幼少期や思春期を過ごした外国にルーツを持つ若者が，聞き手が引き出すエピソードを通して自分自身の人生を構造化して捉えなおし，その人なりの行動や考えの根底にあるアイデンティティを確立していく過程から，彼らの健全なアイデンティティ形成を支援するための新しい示唆を得ることができると考え，本章の手法として適切であると判断した。

2.2　調査協力者

本章の対象者は，中国にルーツを持つ大学生の A である。A の母親は中国人で，父親は日本にルーツを持つ中国人（祖父は日本と中国の両方のルーツを持つ）である。A は 3 歳のころ，両親と一緒に来日し，保育園から大学まで日本の園・学校へ通い，現在，大学で演劇を専攻している。A は両親と同じ中国国籍である。

2.3　調査方法

調査は 2023 年 7 月に A が通う大学構内で約 1 時間 45 分のインタビュー形式で行った。

インタビューは主に以下の 3 つの質問項目をもとに半構造化で行った。

1. 自身のアイデンティティに対する考えはどのようなものか
2. 家庭，学校，地域社会は自身のアイデンティティの形成にどのような影響があったか
3. 自身のアイデンティティに関する葛藤はどのようなものか，どう乗り越えたか

なお，協力者には調査の目的や倫理を含めた調査内容を説明し，また，インタビューの内容を録音すること，インタビューデータを用いて学術の場で口頭発表や論文執筆することについても事前に了承を得た。

インタビュー実施後，速やかに逐語録を作成し，記述されたストーリーから，A のアイデンティティの変遷および形成要因を分析した。さらに，いくつかのテーマを抽出しながら，ストーリーの持つ意味について考察を行った。

3. Aのライフストーリー

この節では，Aのライフストーリーを，5つの時期に分けて概観する。また，各時期の主な出来事やアイデンティティの特徴を表しているエピソードを本文に記述する。

Aの発話は「A」で示し，筆者の発話は「T」で示す。

3.1 保育園時代：他人との違いを嫌がる

Aは3歳まで中国語が堪能だったと両親から聞いていた。本人は全く記憶がないと言う。中国を意識し始めたのは，保育園時代であった。Aは日本人の前で無意識に中国語を話す自分を嫌がり，また，両親が中国語で話しているのを他の日本人に見られることに恥ずかしさを感じていた。その時のAは中国ルーツを隠そうとは考えておらず，他の人と違うことをしたくないと思っていた。親に対し内心では外で中国語を喋ってほしくないと思っているが，実際には言えなかった。

【データ1】他人と違う自分を意識し始める

A：保育園とかを幼いながらに経験して，自分がちょっと周りの子たちと違うっていうか，そういうのを感じ始めていた時期でもありますし。

T：なるほど，その違いというのは，保育園の時代で何か記憶に残っていますか。

A：保育園のときにあんまりぱっと思い出せるものはないんですけど。ちっちゃいときからすごい嫌だったのが，日本の友達とか友達のお母さんとかの前で，なんか中国語がぽろっと出てしまうときとか，中国の何て言うんでしょうね。お父さんとお母さんがたまに中国語で話してるのも，他の日本人の人に見られちゃうっていうのに，なんか，ちょっと嫌だな，みたいな。思っちゃうことがあったような。そうですね。それはありましたね。

T：他の人と違うことを嫌がってるのか，それとも中国語だから嫌がってるのか。

A：保育園とかぐらいの小さいときは，他の人と違うことの方が嫌だった気がします。

T：そのときは，お父さんお母さんに，そういう自分の悩みを言ったことありますか。

A：いや，言わないですね。言ってなかったと思います。「ちょっとうるさいよ」みたいなのを言ったかもしれないですけど。声が大きいので。

T：そのとき，「ちょっと外で中国語を喋らないで」，とか言ったりしますか。

A：親には言ってはなかったような。思ってはいました。「あんまり喋らないでよ」，みたいな。

3.2　小学校時代：中国にルーツを持つことに対する意識と葛藤の出現

A は小学校時代に，中国にルーツを持つことを何とも思わない時期（小学校低学年）から，やや否定的に捉えるように変化する（小学校高学年）。小学校高学年から，中国への帰省に対して後ろめたさを感じ始め，また，中国に関するネガティブなニュースを見た時には，家族も親戚もいる中国に対して複雑な感情が生じ，戸惑った。英語の授業では「Where are you from?」の質問に，「I'm from Japan.」と答えられない自分に気づいた。自分のルーツが中国にあることの特別感を感じていると同時に，日本人になりたいという願望もあり，アイデンティティの揺れを初めて感じた。

【データ 2】中国に帰る後ろめたさと説明できない複雑な感情

T：小学校の時，A さんは自分のルーツを考えたことありますか。

A：あります。小学校って長いじゃないですか。結構，成長過程が変わってくると思うんですけど。小学校 1 年生と 2 年生かな，の夏休み，うん，あと 4 年生の夏休みに中国に行ったんですけど，なんかやっぱり低学年，1 年生，2 年生の頃はみんな「中国行ってきたんや」，みたいなぐらい。そんなにね，何もないですし。4 年生で行ったときも，そんなみんなから言われることはなかったですけど。何か，何なのかわからない後ろめたさというか，何なんだろうこの気持ちは，強く「行ってきたわ」，みたいな。はっきりわからないんで。

【データ 3】中国のニュースによるマイナスのイメージ

A：やっぱ中国に対するニュースみたいなのが，すごくちょうど出てくるっていうか，見始めた時期なので，いっぱい目につくようになって。うん。自分がルーツを持つ国はこんな問題を抱えてるんだ，みたいな，とか思いながら，でも，家族だし，親戚がいるから，みたいな感じで中国に行っていて，うん。なんだろうこの気持ちは，みたいな。そうそう，言葉には本当に難しいんですけど，うん。なんか，なんだろうなっていう気持ちだとしか言えないです。

【データ 4】国籍とアイデンティティの揺れ

T：自分の国籍というか，なにか人に聞かれたことってありますか。

A：あります。何人っていうか，小学校高学年の英語の授業で，「Where are you from?」って聞かれる。あれに「I'm from Japan.」って答えるのがなんかちょっと，あれ？合ってる？みたいな気がしてしまって。「I'm from Japan.」じゃないですか。でもジャパニーズじゃないけどな，みたいで。

T：そのときは，自分が「from China」みたいなの，すごい違和感が？

A：チャイナを言っちゃうと，「え？　え？」みたいな。知らない子ももちろんいっぱいいるので，「うん？　チャイナなの？」みたいな。そういう，いい悪いじゃなくて，そうなんだっていう反応かもしれないけど，私にとっては「チャイナでごめん」みたいな感じになっちゃうんですよね。そういう空気ができるから。それが多分一番なんか違和感に気づき始めてたのは。それですかね。

T：Aさんの人生の中で，日本国籍に変えたいと思ったことありますか。

A：あります。それはもう結構早い段階で，本当に小学校，中学校のときは，変えたいと思ってましたね。

【データ 5】中国人である特別感と日本人になりたい葛藤

T：将来は中国関係の仕事をしたいと考えたことがありますか。

A：あります。小学校6年生ぐらいのときに，通訳さんに憧れた時期が一瞬だけあって，それこそ自分のルーツも生かせるし，日本と中国の橋渡しじゃないけど，そういうことができるんじゃないかなって思ったんですけど，勉強の仕方がわからなくて。

T：自分で考えてなりたかったのですか，それともご両親の影響ですか。

A：やっぱり両親は「中国語喋れた方がいいと思うよ」，みたいな。ずっと言ってたので。両親が喜ぶだろうなっていう気持ちもあったんだと思います。

T：成長過程で中国人であることを嫌だったり，否定したくなる時期はありましたか。

A：ありました。今のこの感じられてるのって，本当にここ何年か，ここ3年ぐらい。

T：そんな自分の中国のアイデンティティを隠したいっていう時期はどんな時期？

A：そうですね。小学校のとき，小学校のときでも意外と，聞かれたら話してましたし，何か「人と違うのは嫌」って言いつつ，特別感あるみたいなという気持ちも片隅にあって。本当に複雑な気持ちで，でもやっぱり日本人だったらなっていう思いがあったのが小学校で。

3.3　中学校時代：中国にルーツを持つことに対する葛藤の顕在化

中学校に入り，Aにとって，アイデンティティに揺らぎが生じる事件が起きた。Aは同級生に「中国に帰れ」と言われ，深く傷ついた。さらに，経験不足の教師は適切な対応ができず，Aは心に傷が残ったまま中学校時代を過ごした。「中国に帰れ」事件以来，Aは自身が中国にルーツを持つことを隠すようになった。さらに，Aは他人を責めることなく，空気を悪くしたのは自分のせいだと思うようになり，中国にルーツを持つことを一層否定的に捉えるようになった。Aはその気持ちを両親にも言えず，自己否定に陥り，本当の気持ちを隠したまま，自分を演じるようになったと言う。日本にいる時だけではなく，中国に帰る時も日中文化の違いによるアイデンティティの揺れを感じ，「いったい私は何人（なにじん）なんだろう」と考えるようになった。

【データ6】「中国に帰れ」事件：自己否定と周りの目を気にしない自分を演じる

A：同じ小学校からの持ち上がりの同級生は，私が中国人っていうことを知ってたんですけど，別の小学校からの子たちは，私がそういうルーツを持ってるって知らないので，あえて言う必要もないし，そこから，「中国に帰れ」って事件もありましたし，それぐらいから，これは言わない方がいいんだっていう，なんで小学校であんなに言っちゃったんだろうみたいな。そのときの男の子は，小学校は一緒だった。

T：そのときは，「中国に帰れ」と言った男子はその後どんな反応だったんですか。

A：そうですね。でも結構，問題児みたいなタイプだったので，あくまで私が感じた中でなんですけど，ちょっと言い過ぎだったんじゃないかなっていう空気が教室に流れる中で，居心地悪そうにはしてたので，なんか，何て言うんですかね。多分，心から反省はしないと思うんですよ。どれぐらい良くないことを言ったかっていうのはわかってない。

T：わかってない。なるほどね。

A：わかってるのかもしれない。ただ，当時の彼にはそうやって攻撃することしかできなかったんだと思うし。私はだから，そのときも，もちろん言い返したかったですけど，余計になんか惨めな気持ちになる気がして，何も言わなかったんです。もう全部無視して，「泣くな，泣くな。大丈夫，落ち着け」って感じです。自分を奮い立たせるじゃないですけど。もう先生もいいから，みたいな。もしかしたら呼び出されて何かあったかもしれないですけど，私には特に何もなかったです。

T：中学生のAさんには，かなり衝撃の一言だったなと思うんですけど。それを聞いた瞬間どんな気持ちだったんですか。

A：何かあれですね。すごい抽象的になってしまうんですけど，ナイフで刺されて，「え？」みたいな感じですよ。「何が起きた？」みたいで。見たら刺さってたみたいな。

【データ7】本当の気持ちを隠し，自分を演じ始める

T：全体を見て，基本大人っぽいですね。

A：演じてるんです。本当はそんな大人じゃない。

T：なぜ自分を演じてると思いますか。

A：私が嫌なこととかを言ったところで，何かすごく嫌だったこととか，出自が関係して起きてしまった悪いこととかを言って，大抵の人は同情してくれるんですね。なんかそんなことがあったんだね，みたいな。それはつらいね，おかしいよね，みたいな。そんな世の中よくないよね，みたいな。もう本当にその通りだとは思うんですけど。それに対して，やめてくれとかそういうわけではないんですけど。なんかでも，それを何か武器にしてしまう，そういう同情集めることを武器にしてしまうっていうのは，なんかそれは，なんかお互いの国に対して失礼だなと思って。中国人であることが嫌なことですよって言ってるようなものだし，日本にいることが嫌なことなんですよって言ってるような思い

になっちゃうから，そんなことはしたくないなっていう感じで。無意識に大人を演じているかもしれない。

T：「中国に帰れ」っていうことを言われたときも，ちょっと演じてる自分がいたんですか。

A：めっちゃそうですね。本当は「何言ってんねん」って怒鳴りつけたかった，泣き喚きたかったですよ。でもそんなことはしないです。

3.4　高校時代：アイデンティティの問題に目を背ける

Aは中学校時代のトラウマがあったため，高校時代に自分のルーツに関する話題を避けるようになった。日本人だけではなく，海外実習のホームステイ先にも中国にルーツを持つことを明かさなかった。「周りを混乱させないため」と語るが，傷つけられないように自分を守っていた。

【データ8】周りへの配慮によるアイデンティティの揺れ

T：国籍を聞かれたら，日本って言っとこうとかそういうこと思ったことありますか。

A：あります。面倒くさいって言っちゃうとあれですけど。結構年を重ねてからにはなるんですけど，17歳のときに，高校の海外実習のプログラムみたいなものに参加させてもらって，そのときにオーストラリアに行ったんですね。でも私は中国人っていうことを明かさないで行ったんです。別に何か特別に何か意図があったわけじゃないんすけど。ホームステイ先では日本の高校から来る日本人の女の子が来ますよみたいな感じで，思ってるんですね。日本人として接してもらった感じです。なんかそのときは，なんか誰も悪くないじゃないですか。だから，ちょっとごめんねみたいな。

T：多分向こうも全然思ってないし。

A：別に中国人と明かしたところで何か変わるわけじゃないけど，ちょっと説明とか面倒くさいし，英語が喋れるわけでもないから，「Yes, I am Japanese.」本当にもう周りを混乱させないために，っていうのは，そうですね。小学校のときから今までもずっとありますね。

3.5　大学時代：アイデンティティの確立と自己受容の形成

Aは大学に進学し，中国にルーツを持つことを個性の一つとして捉えてくれる同級生に出会った。この出来事はAのアイデンティティ形成にとって，重要な要因の一つとなった。Aが進学した大学では，授業科目として中国語が開講され，Aは中国語の学習に力をいれた。また，中国研究サークルの代表も務めた。小学校から高校まで周囲に知られていなかった，中国語がわかる自分を，大学でようやく他者に示すことができた。さらに，Aのアイデンティティの確立と自己受容を促した出来事が起き，それは地域の「中国語母語教室」に関わったことである。Aは行政と大学が共催する「中国語母語教室」にアシスタントとして参加し，自分と同じ境遇の子どもたちと接する機会ができた。主催者の要望に応じ，Aは自分のルーツに関するストーリーを子どもたちと保護者に語った。Aのストーリーを聞いて涙を拭う保護者が多く，その場面はまたAにとって中国にルーツを持つという自己アイデンティティを肯定的に捉えるきっかけとなった。Aはルーツを隠す中学校，高校時代の自分から解放され，徐々に自分のルーツを受容し，さらに自分の出自や苦い思い出を同じ境遇の人々に開示できるようになった。

大学での出来事はAのアイデンティティの確立に大きく影響した。また，中国国籍だった親戚一家が日本国籍に変更したことを知ったAは，自分は中国人としてのアイデンティティを捨てられないと感じた。この親戚の国籍変更もAのアイデンティティの確立に影響を与えた。Aは語りながら，自分の変化について分析した。同じ中国に関するマイナスイメージのニュースでも小学校時代の自分と成長した今の自分とでは考えが違うと言う。政治と個人とを分けて考えることで，Aは中国に対する捉え方がより理性的になった。

【データ9】国籍とアイデンティティの意識変容

T：国籍をもし変えることができるようになったら変えたいですか。

A：10年ぐらい前だったらもう即答で「変えたい」って言ってたと思うんですけど，今は，難しいです。変えたい気持ちはもちろんあるんですけど欲を言うならば，二重国籍でいたい。

T：それはなぜですか。

A：それはやっぱり中国を制度上ではあるんですけど，私が勝手に思ってることなので，全然みんながそう思ってるわけじゃないんですけど，やっぱり国籍を変えるってことは，その変える前の国のことを捨てるような感覚がどうしてもあって，なんちゃら国籍を放棄しますみたい。なんかあまりにも切なくないかって思っちゃうんですよね。あと実際に私のお父さんの妹家族なんて，おば家族と私のいとこが中国籍だったんですけど，日本国籍に変えて名前も変わったんですよ。おばさんは下の名前も変わったんですよ。全部変わった。「え？」って思っちゃって，全然そういう選択肢ももちろんあるんですけど，私個人的な思いとしては親に付けてもらった名前で日本人になりたいっていうことで，その名前とかも全部新しくするっていうのは何かちょっと寂しいなって思っちゃったんです。私ができるかっていうとちょっと何か，即答で「はい」って言えないなと思って。自分もいろいろ中国の国籍で苦労したこともあると思うんですけど，やはり本当に国籍変えるっていうのは，手続き上はまあね，そこまで複雑じゃないかもしれないですけど，精神的にあるいは心理的にすごくハードルが高いことだなと思うんで，そうですね。多分もう変える選択肢はない。

【データ 10】成長による中国に対する意識変容

T：A さんの周りで例えば中国人に対して，中国に対するイメージについて何か，思ったりとかしますか。

A：政府のこととかニュースで見ると，でもなんか結構人ごとというか，「なにをやってんねん」とかって思っちゃう。ニュースとかを見ると，なんか「もうちょっとやりようがあるやろ」とか，結構ツッコミを入れてしまうんですけど，中国の方とかそれに対する何かっていうのは，何も思わないというか，もうちょっと仲良くしてくれないかなっていう，そういう気持ちもありつつ，でも本当に最近，若者とかやったら，なんかお互いの文化をリスペクトしてるし。またそういうのとか見てると，なんか思ってたほど悪い関係じゃないんじゃないか。もちろん政治的なことが絡むと，本当にどっちの言い分も難しくて，どっちが正しいとかもわからない。どっちかに立つっていうことをしたくないんですけど，でもなんか，中国人だから何々とかっていうのは，年々なくなってるような気がして。ちょっと平和な解決策をお互い練ってるんじゃないかなみたいな。

4. 考察

前節ではAのライフストーリーを5つの時期に分けて概観し，アイデンティティの変遷や特徴を述べてきた。本節では，Aの成長過程を通じて，アイデンティティの形成に与えた影響について，ネガティブおよびポジティブの両面から分析していく。

4.1　アイデンティティの形成にネガティブな影響を与えた葛藤の要因

4.1.1　同調圧力が強い日本文化の影響

Aは3歳まで中国で過ごしたが，物心がついた頃から，日本語に囲まれて育った。

家庭の中では，両親はお互いに中国語で会話をしているが，子どもに対しては，主に日本語を使った。Aは保育園時代に日本人の前で中国語を話している両親を見て，自分の親だけ違う言語を話していることを恥ずかしく思っていた。幼少期のAはまだ中国にルーツを持つことやアイデンティティについて深く考えることがなく，ただ同調圧力が強い日本文化に影響され，他者との差異を嫌がっていた。Aは成長するにつれて，中国にルーツを持つことという他者との差異による心の葛藤は益々顕著になり，最初はポジティブな「特別感」を感じたものの，傷つけられた体験のあと，アイデンティティの形成はネガティブに向かっていった。

4.1.2　メディアによる中国のマイナスイメージの報道

外国への意識や理解は，外国への訪問や外国の知人との交流などの直接的な経験により深まるが，そうした直接的な経験がない人は自国のメディアなどの間接的な情報に大きく影響される。言論NPO (2019) の2005年から15年間にわたる世論調査によると，日本人で中国を訪問した経験を持つ人の割合は，調査を始めた2005年からほとんど変わっておらず，2018年は14.4%となっている。しかもその47.2%が11年以上も前の訪問経験だと回答している。情報源も世代間に大きな差はなく，若者から高齢者まで，どの世代でも70％程度がテレビのニュース番組から中国の情報を最も多く得ている。つまり，日本においては，人々の中国に対する印象や理解は，日本のメディア，特にテレビ報道から受ける影響が顕著である。「政府間の政治的な信頼関係ができていない」と考える日本人も2019年の調査で43.6％となった。メディアがどのような姿勢，方針，取材体制で報道に臨んでいるのか，報じている中国に関する情報がどこまで正確なのかが問われなければならない。

メディアリテラシーが十分ではない子どもだったAにとって，中国に関するマイナスイメージの報道は，アイデンティティを強く揺さぶられ，自己否定に陥る要因の一つとなった。

4.1.3　異文化摩擦や差別発言に対する教師の経験不足

中学校時代の「中国に帰れ」事件で，教師は「中国に帰れ」と言った生徒にもAにも何の対応もしなかったとAは語る。その教師が異文化摩擦や差別発言への対応に関して経験不足だったことが原因だと考えられる。

Aは誰のことも責めなかった。理由を尋ねると，Aは「余計に惨めな気持ちになる気がして」と答えた。Aは「泣くな，泣くな。大丈夫，落ち着け」と自分に言い聞かせたという。当時の気持ちを振り返り，Aは「ナイフで刺されたみたい」と感じた。Aは担当の教師に呼び出されると思ったが，結局呼び出されることはなかった。

日本で生まれ，日本で育つ外国にルーツを持つ子どもは年々増加している。彼／彼女らは一見すると日本語や日本の文化に適応できているように見えるが，実際には母国と日本との間でアイデンティティが揺れ，苦しむ事例も少なくない。教育現場では，外国にルーツを持つ子どもが学校に適応することや居場所を確保することの必要性（文部科学省2019）が問われている。

4.1.4　日本と中国における異文化理解の不足

Aにとって中国国籍がいかに重要であるかということ，それは手続きの問題ではなくアイデンティティの問題であるということが日本人の友人には理解されなかった。

また，Aは中国の親族に将来の結婚相手について聞かれた際，「日本人」と答えたところ，なぜ中国人ではなく，日本人なのかと不思議に思われた。これらの出来事がAに日本文化と中国文化の板挟みになる悩みを生じさせ，Aのアイデンティティの形成にネガティブな影響を与えた。

【データ11】中国国籍に対する思い

A：1年ぐらい前インターン募集で，(条件に）日本国籍を有する者っていうのがあるんですね。「私無理だ」ってぽろって言って，(友人に)「日本国籍に変えればいいやん」ってすごい本当に軽く言われたんです。

【データ12】結婚相手の国籍

A：将来の結婚相手問題は，なんかすごい今でも強烈に覚えてます。なんか，「中国人の人と結婚するのか，日本の人と結婚するのか」みたいなふうに言われて。「え？　わからん」と思って。でもね，「日本人じゃないかな？」みたいな感じで言ったら，「え？　日本人？」みたいな感じで言われたことがあります。その親戚も，私たち以外の，日本で生活したことある人と会ったことがないと思うので，そんな質問する人は，本当悪意はないけど，中国人としか本当に生活してきたことがない人なので，「中国人の方がいいんじゃない」みたいな感じのことは言われましたけど。

4.2　アイデンティティの形成にポジティブな影響を与えた自己受容の要因

自己受容については，さまざまな見解があり，いまだにその定義は確立されていない。一般的に，自己受容は「ありのままの自己を受けいれることと定義されることが多い」(伊藤 1991：70)。浦川（2014：24）によれば，自己受容性とは，自己を冷静に捉え，さらに自己を肯定的に捉えるということである。自己の性格や身体的特徴，社会性などを認識し，そのような自分を「だめな所も含め，これが自分であり，価値のある存在なのだ」というように，自己を肯定的に受け入れることであると主張する。筆者は自己受容を「自己の身体的，文化的，社会的などさまざまな側面を客観的かつ肯定的に認知し受け入れること」と定義する。

4.2.1　ありのままの自分を受け入れてくれる家庭環境

Ａのライフストーリーでは理解ある親の存在が非常に重要である。母語教育から国籍の選択や将来の職業，結婚に関する選択まで「ありのまま」のＡを無条件に応援してくれている親は，Ａが自己受容できた要因の一つであると考えられる。Ａの親は「中国語を喋った方がいいよ」と思っているが，Ａに厳しく母語教育を行ったことはなかった。日本社会で生きるＡにとって，自分が外国にルーツを持つマイノリティであることは，必ずしも常にプラスの経験ばかりではないがありのままの自分を受け入れてくれる家庭環境があったから，Ａはアイデンティティの葛藤を乗り越えたと言えるであろう。

【データ 13】国籍選択

Ｔ：日本国籍に変えたいって両親に言ったことありますか。

Ａ：あります。「変えたいと思うねんけど」みたいな感じで言って，「好きにしたらいいよ」みたいな。でも今はまだ子どもやから何か手続きするには親のあれがないと駄目だから，でも大人になったら別に好きにしたらいいと言われた。

【データ 14】結婚

Ｔ：その話（中国人と結婚してほしい）はＡさんのお父さんお母さんで，話題の中に出たことありますか。

Ａ：ないです。なんか本当に私，両親はすごい自由にさせてくれてるっていうか，もう本当に「ここに居ればいいよ」って言われてるんですよ。「行きたいところに行きな」みたいな，好きなら誰でもいいよ。結婚するでもいい，しないでもいい。子ども産む産まない，何でもいい。本当に「生きてればいいよ」って言ってくれてるっていうか，私がそう感じてる。好きなことしなって。

Ｔ：そういうお父さんお母さんの性格，アイデンティティに対する寛容な態度は，Ａさんの自分の中にちょっと何か影響がありますか。

Ａ：ありますね。うまく言葉にはできないですけど，なんか，なんて言ったらいいでしょう。なんでもいいや，みたいな。未だにそれはもちろん，「あれ？」みたいなこととかはあるんですけど，なかなか，難しいですね。母が結構やりたいことやってる人で，それに対して父がサポートできるところはサポートして，でも父も子どもたちのために，いろいろやってくれてるって感じ。すごく寛容。

4.2.2　ルーツを個性として理解してくれる仲間の存在

Aは小学校時代，中国にルーツを持つことの「特別感」を肯定的に捉える時期もあったが，年齢を重ねるにつれ，「特別感」は否定的な感情に変化していく。大学に入ってから，Aが中国にルーツを持つことに対して特別視や同情ではなく，「個性」の一つとして理解してくれる仲間に出会う。さらに，その個性が活かされ，中国を研究するサークルの代表に選ばれたことはAのアイデンティティの形成にポジティブな影響をもたらした要因だと考えられる。

【データ15】理解してくれる仲間との出会い（授業とサークル）

A：なんかいろんな授業とかで，何か今まで出会ってこなかったような人たち，学生，普通にいろんな子たちがいて，英語ペラペラの子いるし，韓国語ペラペラの子もいるし，逆に日本語しかわからないけどめちゃくちゃ何かできる子がいたりとか，なんかすごい。いや，隠し芸多いみたいな子たちばっかりで，そんな中で私，中国人って別に大した個性じゃないなって思った。今までは中国籍なんだよって言ったら，「え？　まじで？」みたいなオーバーリアクションなのか，本心なのかみたいなのが多かった中で，でもこの大学で「実は中国籍なんよね」っていうふうに言って，「へ～，そうなんや。でさ～」みたいな感じで，本当にどうでもいいことなんですけど，救いなんですね。はい。それがすごいありがたくて，なんか別に何も特別な，特別っていうとちょっと何か違うな。でもそんな嫌に思うことじゃないなっていうふうに思ったし，Tさんもいらっしゃって，中国語を勉強することができる環境があるし，中国語を学びたいっていう人が私以外にもいるっていうことがすごい嬉しかったし，なんかそれで頼ってくれる人もいて。

T：頼ってくれるってどういう状況ですか。

A：それこそサークル（中国研究サークル）の代表を「一緒にやらない？」っていうふうに声かけてくれた。私は本当に何もして，今までそんな代表とかしたことないし，ただ中国語がちょっとだけわかるってだけで，すごい心強く思ってくれて，私はそれに応えられるか自信はなかったですけど。でもそういうふうに新しいことを始めるきっかけを作ってくれる子がいたりとか，何か台湾に行った子とかも，「なんかここがわからなかったんだよね」とかって相談しに来てくれたりとか。「いつか台湾一緒に行こうや」とか言われたりとか。すごいそれ，中国きっかけで，いろんなこういう関係も，なんかもっと深いところまで，いけるようなことがあるなと思って。

4.2.3　自分と同じ境遇の子どもたちとの出会い

Aは自分の経験や葛藤，苦悩を糧にして次世代を担う子どもたちの役に立ちたいと語る。中国にルーツを持つことを否定的に捉え，隠そうとする過去があったAは，自分のルーツやアイデンティティの葛藤を誰にも言えず，一人で悩み，それを他人に知られたくない，同情してほしくないと思っていた。しかし，自分と同じ境遇の子どもたちとの出会いにより，Aの考えに変化が現れた。Aは，外国にルーツを持つことの葛藤や苦悩を含めたライフストーリーを多くの人に聞いてもらうことは，外国にルーツを持つ子どもへの理解を深め，多文化共生社会の実現に役立つと考え，中国語母語教室に参加する中国にルーツを持つ親子，大学生，行政の担当者に向けてプレゼンテーションを行った。この経験はA自身のアイデンティティの再確認や自己受容にもポジティブな影響を与えたと考えられる。

【データ16】中国にルーツを持つ親子たちとの出会い

T：また数回しか行ってないんだけどさ。中国にルーツを持つ子どもと親たちと一緒に活動してどうでしたか。

A：何か，日本で中国出身の方とその子どもたちと日本で会話するってことが初めてで，お母さんの知り合いとかがいたんですけど，なんか，本当に最初の初めましてのときから，こういうふうなのは初めてで，中国の人なんだけど，でも日本語も喋れるし，何かすごい不思議な感覚といいますか。でも同じような悩みを抱えてらして，同じような境遇の子どもたちがいて，私が何かできるんだったら，その子たちの役に立ちたいなっていうふうに思うし，自分と同じような境遇ってだけで何か愛おしさがあって，何かどうにか幸せに生きてほしい。親心がなぜか私も生まれてきてしまって，もちろん日本の子どもたちもみんな幸せになってほしいのはもちろんなんですけど，どうにか無駄に何か悲しむことがなかったりとか，何かそんな未来を作っていけたらいいなみたいな。

おわりに

本章では，中国にルーツを持つ大学生Aのライフストーリーを通して，成長過程で経験した葛藤と，それを乗り越え，自己受容できたプロセスを明らかにし，Aのアイデンティティの形成要因を見出すことができた。アイデンティティの形成にネガティブな影響を与えた葛藤の要因は，「同調圧力が強い日本文化の影響」，「メディアによる中国のマイナスイメージの報道」，「異文化摩擦や差別発言に対する教師の経験不足」，「日本と中国における異文化理解の不足」の4つに分類できる。

また，親や親以外の他者（同級生，同じ境遇の子どもたちとその保護者，中国語母語教室を主催する行政の担当者，履修科目である「中国語」を担当する中国人教師など）に認められた経験が，Aの自己受容を高め，アイデンティティの確立を促す一要因となっていることが明らかとなった。

さらに，筆者がAのライフストーリーの語りで印象に残ったのは，Aは青年期に入り，客観的，理性的に自省するようになったことである。Aが自己に対する認知を他者の判断に委ねすぎず，自分は自分であると受け入れることによって，自己受容を高めていったことがうかがえる。

最後に，本章から得られた示唆を基に，外国にルーツを持つ子どもたちのアイデンティティ教育について提言する。外国にルーツを持つ子どもたちは，将来の日本を支える重要な人材であり，多様な言語と文化の担い手となり得る存在である。そのことをまず，学校教育の現場にいる教師が認識しなければならない。教師は外国にルーツを持つ子どもの言語能力やアイデンティティを肯定的に捉えることで，その子どもは自己受容を高めることができると筆者は考える。教師は子どもの「外国にルーツを持つこと」という特質を認め，無視や排除をせず，さらに，子どもたちの間の異文化摩擦や差別発言に対応する方法を習得することが不可欠である。

中国にルーツを持つ大学生を扱った本章は，考察した事例の特殊性が課題として残っている。今後はさらに研究対象者を増やし，親の語りとの比較も行うことによって，より多角的な視点から検討していきたい。

参考文献

伊藤美奈子（1991).「自己受容尺度作成と青年期自己受容の発達的変化―2次元から見た自己受容発達プロセス―」『発達心理学研究』2 (2), pp. 70-77.

井上俊（1996).「物語としての人生」井上俊ほか編『岩波講座現代社会学9　ライフコースの社会学』. 岩波書店.

浦川麻緒里（2014).「自己受容を形成する要因についての検討―幼少期からの過去の認められ経験と青年期の自己受容の関連から―」『純心人文研究』20, pp. 25-37.

太田真実（2021).「中国語使用に対する意識の変容過程と継承語教育のあり方―幼少期に中国から来日した若者のライフストーリーをもとに―」『ジャーナル「移動する子どもたち」―ことばの教育を創発する―』第12号, pp. 74-91.

川上郁雄（2019).『私も「移動する子ども」だった―異なる言語の間で育った子ども達のライフストーリー―』. くろしお出版.

言論NPO（2019).「なぜ，日本人に中国へのマイナス印象が大きいのか：15回目の日中の共同世論調査結果をどう読むか」. https://www.genron-npo.net/world/archives/7381.html（参照 2024-02-17).

桜井厚（2002).『インタビューの社会学―ライフストーリーの聞き方―』. せりか書房.

桜井厚・小林多寿子編著（2005).『ライフストーリー・インタビュー質的研究入門』. せりか書房.

志水宏吉編著（2008).『高校を生きるニューカマー―大阪府立高校にみる教育支援―』. 明石書店, pp. 17-23.

白井利明・杉村和美（2022).『アイデンティティ―時間と関係を生きる―』. 新曜社.

谷口すみ子（2014).「移動する子ども」が大人になる時―ライフストーリーの語り直しによるアイデンティティの再構築―」. 川上郁雄（編).『「移動する子ども」という記憶と力―ことばとアイデンティティ―』. くろしお出版, pp. 44-68.

知念聖美（2020).「継承語日本語とアイデンティティ形成」. 近藤ブラウン妃美・坂本光代・西川朋美（編).『親と子をつなぐ継承語教育―日本・外国にルーツを持つ子ども―』. くろしお出版, pp. 101-112.

文部科学省（2019).「外国にルーツを持つ子ども等の多様性への対応」. https://www.mext.go.jp/component/a_menu/education/micro_detail/__icsFiles/afieldfile/2019/04/22/1304738_003.pdf（参照 2024-02-17).

文部科学省（2023).「令和4年度外国人の子どもの就学状況等調査結果について」. https://www.mext.go.jp/content/20230421-mxt_kyokoku-000007294_04.pdf(参照 2024-3-18).

やまだようこ（2000).『人生を物語る：生成のライフストーリー』. ミネルヴァ書房.

第5章

中国延辺朝鮮族自治州の朝鮮族中学生の継承語に関する意識

――アイデンティティ形成の視点から――

李　娜
黄　正国

はじめに

多民族国家における民族集団の文化的適応のテーマは，特殊な構造的文脈の中で生じる問題として捉えられていた時代もあった。しかし，グローバリゼーションが進む今日では，海外で暮らす日本人の若者や日本で生活する外国人の若者の異文化適応や言語習得のメカニズムの解明と，一人ひとりの体験を理解し，適切な支援を検討することが，異文化間教育研究の重要なテーマとなっている。

中国朝鮮族（以下，朝鮮族）は，朝鮮半島にルーツを持つ中国国内の民族集団であり，独自の言語，文字，文化を有し，集住地域においてコミュニティを形成することが特徴である。延辺朝鮮族自治州[1)]の民族学校では，朝鮮語・中国語[2)]・英語の三言語による複言語教育が行われており，一部の学校ではさらに英語に加えて日本語教育も行われている。朝鮮族の若者は一般的に民族学校に通い，朝鮮語を使用するコミュニティで育ちながら，漢民族の言語や文化を学ぶ複言語話者である。

民族集団には，「在留民集団」と「少数民族」という異なる分類が存在する。「在留民集団」は，母国の文化体系に強く帰属し，現地での生活を一時的な「仮住まい」としているため，滞在国の主流文化とは異なる文化を鮮明に保持する

1）中国朝鮮族の最大の集住地域である。
2）本章で言及される「中国語」とは，公用語として定められている「普通話」を指す。

文化的少数派である。一方，少数民族は文化的には少数派であるが，滞在国の国民としての意識が高く，民族意識を保持しながら，多数派の民族と同じ政治経済体系を共有している。コミュニティ全体としては，「在留民集団」であれ「少数民族」であれ，異文化接触や異文化適応の問題に関与している点で共通するが，個人の言語・文化の学習や社会化の過程は両者で異なると指摘されている（江淵 1997）。

中国政府による民族融合政策の中で，朝鮮族は半世紀以上にわたって「在留民集団」から「少数民族」へと変遷する過程を辿った。宮下（2007）によると，集住地域外に住む朝鮮族は，徐々に朝鮮語を第一言語として使用しなくなっているという。集住地域でも同様の傾向がみられ，関（2001）は三世代目の人々の約 80％が日常生活で二言語を使用していると指摘している。さらに，李（2022）は，現在の朝鮮族中学生は民族学校内でも朝鮮語のみを使用する割合が減少し，朝鮮語と中国語を併用する傾向が強まっていると述べている。

特に近年，マスメディアや IT 技術の発展により，朝鮮族の若者は幼少期から中国の漢民族文化との接触が増えている。経済活動の活発化に伴い，地域社会における漢民族の割合が増加し，朝鮮語だけでなく中国語も日常生活で重要な役割を果たすようになっている。このような状況下で，朝鮮族の若者は，自らの民族文化を継承しながら現代社会に適応することを求められ，言語使用の選択を迫られる場面が増えている。

朝鮮族が「在留民集団」から「少数民族」へと変遷し，言語習得・使用の状況も変化する社会的背景の中で，朝鮮族の言語と文化の継承が徐々に注目されるようになっている。

1. 朝鮮族における継承語教育

1.1　朝鮮語は母語？　それとも継承語？

「継承語 (heritage language)」の定義についてはさまざまな議論が展開されているが，中島（2017）は「親の母語（mother tongue）であり，子どもにとっては親から継承される言語」と定義している。この定義に基づけば，「継承語」とは，少数言語話者の子どもが家庭内で親から受け継ぎ，主に家庭や親族内で使用される言語を指す。一方で，子どもの「母語」は，社会全体で広く使用される言語であるとされる。

さらに，中島（2017）は「継承語」についていくつかの特徴を述べている。まず，「継承語」は子どもが最初に習得する言語であるが，現地語の影響を受けやすく，その結果として十分に発達しにくい傾向があるとされている（表 1 参照）。また，この言語は主に家庭内で使用されるため，社会や他者からの評価に対して敏感であり，その影響が子どものアイデンティティの揺れを引き起こす可能性があると指摘している。

しかし，朝鮮族のように，長期にわたって「在留民集団」から「少数民族」へと変遷してきた民族集団においては，事情がより複雑である。たとえば，朝鮮族の若者は家庭内で朝鮮語と中国語をほぼ同時に身につけ，家庭内では朝鮮語を第一言語として使用し，学校や社会生活では主に中国語を使用する。朝鮮語は「家庭内における母語」であると同時に，学校や地域社会で使用される「共通言語である中国語」に対しては「継承語」として位置づけられることになる。

本章では，少数民族として朝鮮語の習得・使用およびアイデンティティ形成に焦点を当てているため，朝鮮族の若者が親から受け継ぐ朝鮮語を「継承語」とし，幼少期から家族以外の人と関わる際に主に使用される中国語を「母語」として，考察を進める。

表 1　母語と対比した継承語の特徴

	母語	継承語
習得順序	一番初めに覚えた言語	一番初めに覚えた言語
到達度	最もよく理解できる言語	現地語との軋轢でフルに伸びない言語
機能	一般的に広く使用される言語	主に家庭で使われる言語
内的アイデンティティ	アイデンティティが持てる言語	アイデンティティが揺れる言語
外的アイデンティティ	人に母語話者だと思われる言語	人に母語話者だと思われて「恥ずかしい思いをすることがよくある」言語

中島（2017）から引用

1.2　朝鮮族の若者が置かれる異文化の形態

前述のように，かつて延辺朝鮮族自治州では，朝鮮半島から持ち込んだ文化を可能な限り保持し，日常生活でほぼすべて朝鮮語が使われていた時代があった。しかし，現在ではそのような閉鎖的な文化コミュニティはもはや存在せず，民族学校でも中国語が主に使用されている状況である。

江淵（1997）の異文化間の形態に関する分類によれば，中国社会という異文化の大環境の中にありながら朝鮮族という自集団の文化が保たれている時空間を維持する異文化間形態を「文化分離型」と呼び，家庭や民族集団内部で民族文化を学びつつ，同時に学校や地域社会で中国の標準文化を学ぶ異文化間形態を「文化交差型」と分類している。したがって，朝鮮語教育は「文化分離型」から「文化交差型」へと移行しつつあるといえる。しかし，依然として家庭や民族集団での教育と，学校や地域社会で意図的・計画的に行われる教育の間には文化的不連続が存在している。朝鮮族の若者たちは，2つの異なる言語と文化が併存する環境に置かれており，2つの言語と文化を同時に学ぶことを余儀なくされている。このような社会変化の過渡的状態と2つの文化の葛藤状態にあるため，Persons（1987）が指摘した「境界人（marginal man)」という不適応状態に陥る可能性が懸念される（江淵 1997)。境界人とは，2つの社会の行動基準が対立し葛藤している場合，個人が人格形成上で深刻な問題に直面し，支配的社会集団に対する反発と魅力，自集団に対する憎悪と愛着といった対立する感情を生み出す傾向を示すものである。境界人状態に陥った若者は，自集団のスティグマに悩まされ，過剰適応に陥ったり，民族的葛藤によって将来の進路が左右されたりする可能性が考えられる。特に，外見上は適応しているように見えても，内面的にはどちらの集団にも帰属感を持てず，焦燥感や孤立感を抱き続ける場合がある。人格形成への影響まで至らなくとも，張・包・伍（2021）は，継承語能力に自信のない若者の間に強い継承語不安が存在することを指摘している。継承語不安とは，自信の欠如が不安を引き起こし，その結果，継承語の使用回避につながり，最終的に自信の喪失を加速させるという悪循環である。

一方で，2つの文化の狭間にあっても境界人状態に陥らず，双方の文化にうまく適応し，文化的葛藤と協和を経験することによって「バイカルチュラリズム（二文化併存）的なアイデンティティ」が形成されるケースも少なくない。福田（2011）は，複言語主義の視点から，複数の言語知識と経験が相互に関係を構築し，新しいコミュニケーション能力の形成に寄与することを述べている。このようなコミュニケーション能力を駆使することで，2つの文化において他者との関係の中から二文化が併存するアイデンティティが形成されると考えられる。

さらに，2つの文化の狭間にあることのポジティブな側面も考えられる。たとえば，このような人間形成の過程を通じて，自文化を超えて他文化に属する人々の生活，社会観，自然観を理解し尊重する視点（異文化理解力）を自然に身につけることも考えられる。

以上のことから，継承語の習得・使用の体験を理解するためには，外面的な学習行動だけでなく，内面的，心理的な過程にも注目する必要がある。継承語の習得・使用において，不安やアイデンティティの混乱といったネガティブな過程が含まれる一方で，内省的な思考や複眼的視点の育成といったポジティブな側面も少なくないと考えられる。適応・不適応を第三者の視点から安易に判断するのではなく，当事者の視点に立って人間形成に必要な環境要素を理解し，適切な支援を検討することが重要である。

1.3　本章の着眼点

本章では，複言語話者である朝鮮族の中学生を対象に，半構造化面接を通じて得られた質的データを基に，朝鮮族の若者における継承語の習得および使用の実態を分析し，アイデンティティ形成の視点から継承語の習得・使用体験に対する意識を検討する。

2. 面接調査

2.1　調査協力者

今回の調査は，延辺朝鮮族自治州にあるF市G中学校に在籍する男子2名と女子3名，計5名を対象とした。この5名は全員，幼稚園から民族学校で教育を受けてきた経歴を持つ。表2に調査協力者の概要を示す。

表2　調査協力者の概要

	A	B	C	D	E
出身	延辺朝鮮族 集住地域	延辺朝鮮族 集住地域	延辺朝鮮族 集住地域	延辺朝鮮族 集住地域	延辺朝鮮族 集住地域
性別 学年	女 中学2年生	女 中学2年生	女 中学2年生	男 中学2年生	男 中学2年生
学校	F市G朝鮮族 中学校	F市G朝鮮族 中学校	F市G朝鮮族 中学校	F市G朝鮮族 中学校	F市G朝鮮族 中学校
調査時 使用言語	中国語	朝鮮語	中国語	中国語	中国語

2.2　調査方法

今回の調査では，半構造化面接を用いてデータを収集した。具体的には，各言語に対する言語能力の自己評価や，言語の習得および使用に対する意識を中心に調査を行った。調査は2023年8月に実施し，1人当たり30分から60分のインタビューを行った。

調査内容は以下の通りである。①フェイスシート項目：協力者の属性や中国語および朝鮮語能力に関する自己評価。②インタビュー質問：継承語をどのように学習したか，日常生活でどのように言語選択を行っているか，同じ民族の人々や他民族の人々との関わりについてどう感じているか。

3. 結果

3.1　朝鮮族中学生の言語選択への意識

表3は，朝鮮族中学生の言語選択への意識についての調査結果である。「家庭では祖父母や親，兄弟姉妹，学校では先生や友達と使用する言語は異なりますか？　異なる場合は，なぜですか」といった質問を用い，朝鮮族中学生に言語選択に対する意識を尋ねたところ，5人の協力者から，生活場面や相手との関係性に応じて朝鮮語と中国語を柔軟に使い分けていることが示された。一方で，朝鮮語を主に使い必要に応じて中国語を使う人もいれば，中国語を基本とし，場面や相手に応じて朝鮮語を使用する人もいた。

特徴的な回答を表3に示した。Aは「祖父母とは必ず朝鮮語を使うが，友達

表 3　朝鮮族中学生の言語選択への意識

質問	家庭では祖父母や親，兄弟姉妹，学校では先生や友達と使用する言語は異なりますか？　異なる場合は，なぜですか。
A	祖父母とは，必ず朝鮮語を使わなければなりません。友達との会話は通常中国語でしますが，朝鮮語の学習に関する難しい課題などを話す時には，混ぜて使うことがあります。
B	朝鮮語を主に使用しています。家で母と姉に対しては主に朝鮮語を使います。それが便利だからです。友達とも同じですが，もし中国語が得意な友達がいれば，そのときは中国語で話します。
C	人によりますが，中国語で話すのが難しい年配者には朝鮮語を使います。友達とはほとんど中国語で話します。クラスでは中国語を使用しています。私自身は朝鮮語で話すのがちょっとぎこちなく感じますが，友達の中には同じような感じの人もいますし，また朝鮮語を自然に使う友達もいます。
D	私は人によって違います。例えば，相手がすごく朝鮮語ができる場合，または朝鮮族であれば朝鮮語を使います。年配の人たちには朝鮮語で話し，子どもたちとは普通に中国語で話します。
E	私の年齢とあまり変わらない親戚とは，ほとんどが中国語で話します。私のおばさんたちは朝鮮語も得意なので，通常は朝鮮語で話します。友達とはあまり朝鮮語で話すことは少なく，たまに朝鮮語の教科書についての会話がある程度です。中国語で話す方が自然だと感じています。

との会話は通常中国語で行う」と述べ，家庭内では朝鮮語が重視される一方，学校や友人との会話では中国語が主に使用されている。また，A は難しい課題について話す際には朝鮮語と中国語を混ぜて使用する場合もあると述べ，状況に応じた柔軟な言語使用が見られる。B は「家でも学校でも主に朝鮮語を使うが，中国語が得意な友人とは中国語を話す」と述べ，基本的に朝鮮語を優先しつつも，相手の言語能力に応じた柔軟性が確認できる。C は「友人とはほとんど中国語で話し，クラスでも中国語を使うが，朝鮮語の使用には少し違和感を覚える」とし，朝鮮語を使うことへの抵抗感が示されている。また，D は「年配者には朝鮮語を使い，子どもたちとは中国語を話す」と述べ，相手の年齢や朝鮮語の習熟度に応じた使い分けが確認できる。最後に，E は「友人とはあまり朝鮮語を使わず，中国語で話す方が自然だと感じる」とし，日常的なコミュニケーション手段として中国語が自然な選択であることが明らかである。

全体的な傾向として，朝鮮族の中学生は年長者とのコミュニケーションでは主に朝鮮語を，友人とのやり取りでは中国語を使用するなど，相手の年齢や親密さに基づいて言語を選択している。一部の中学生は朝鮮語を話すことに違和感を覚え，中国語の方が自然であると述べた。この傾向は，各個人の言語能力や学校，地域社会における中国語の支配的な地位に影響されていると考えられる。以上から，朝鮮語と中国語の両方が中学生の日常生活において重要な役割を果たしており，彼らの言語選択は家庭内や社会環境における多様な関係性や個々の役割を反映していると考えられる。

3.2　複数言語使用の朝鮮族文化と民族意識への影響

表4は，朝鮮族中学生が日常的に複数の言語を使用する中で，民族意識や帰属感にどのような影響を受けているかについての調査結果である。「複数の言語を使うことで，民族意識・朝鮮族への帰属感がどのように影響を受けると思いますか」といった質問を用い，朝鮮族中学生に尋ねたところ，5人の協力者から，朝鮮族文化との接触が彼らの民族意識を高める要因となっていることが明らかとなった。

特徴的な回答を表4に示した。Aは「私の朝鮮語はあまり上手ではなく，私が朝鮮族であることとはあまり関係がありません」と述べ，これは言語習得のレベルと民族意識の高さが必ずしも直結していないことを示唆している。Bは「春節を過ごす際は，韓服を着たり，ユンノリ[3)]などもよく行います」とし，伝統行事への参加が民族への帰属感を強めていることを示している。Dは「学校ではたくさんの民族イベントがあり，民族に関する活動があります」と述べ，学校でのイベントが民族意識を維持する助けとなっていることを強調しているように，民族学校での朝鮮族文化に触れる活動やイベントが，彼らの民族意識を高める重要な要因となっていることがわかる。さらに，Eは「現在，私は中国語で話していますが，朝鮮語はあまり得意ではありません。それでも，私が朝鮮族であることに変わりはありません」とし，言語以上に文化的なつながりが民族意識にとって重要であることを示唆している。

全体的な傾向として，言語能力にかかわらず，朝鮮文化との接触機会が多いことが，民族意識の維持や強化に寄与していると考えられる。以上から，日常的に中国語を使用する朝鮮族中学生であっても，あるいは継承語である朝鮮語

3)「ユンノリ」は，双六に似た朝鮮民族の伝統的な遊びである。

表4　複数言語使用の朝鮮族文化と民族意識への影響

質問	複数の言語を使うことで，民族意識・朝鮮族の帰属感がどのように影響を受けると思いますか。
A	一般的には特に何も考えていません。しかし，学校で民族文化や民族言語に触れると，民族意識を感じることがあります。集まりや家庭では一般的に朝鮮語を話します。私の朝鮮語はあまり上手ではなく，私が朝鮮族であることとはあまり関係がありません。
B	家でも，友達と一緒にいるときも，朝鮮語でよく話します。春節を過ごす際は，韓服を着たり，ユンノリなどもよく行います。
C	自分は朝鮮族ではないと感じているわけではありませんが，たまに中国語でずっと話している時に，自分が朝鮮族でないかのような感覚が生まれることがあります。中国語だけを使うと，最も自然に感じます。
D	たとえ私がずっと中国語を話していても，朝鮮族ということは私の心で変わらないです。学校ではたくさんの民族イベントがあり，民族に関する活動があります。私は朝鮮語能力が少し低いかもしれませんが，私の心の中では2つの言語には差がありません。
E	現在，私は中国語で話しており，朝鮮語はあまり得意ではないですが，私が朝鮮族であることに変わりはありません。

の習得レベルが必ずしも高くない場合でも，朝鮮族としての民族意識を維持していることが確認された。つまり，文化的な活動や行事を通じて，言語と文化の継承が進むことが考えられる。

3.3　朝鮮族中学生の異文化理解力と適応力への意識

表5は，朝鮮族中学生を対象に行った，異文化理解力と適応力に関する意識についての調査結果である。「将来のために，朝鮮語と中国語のどちらをもっと重視した方がいいと思いますか」および「朝鮮族の人と関わることと，漢民族[4]と関わることはどのように違いますか」といった質問を用い，朝鮮族中学生に言語選択に対する意識を尋ねたところ，5人の協力者は，民族の違いを意識しつつも，漢民族との交流を通じて，自分たちが同じ「中国人」であるという認識を持っており，文化的な差異を大きく感じることが明らかになった。

特徴的な回答を表5に示した。Aは「朝鮮族や漢民族など，民族についてあまり考えたことはありません。私はただの中国人です。民族の言語や文化が異

4）漢民族は，中国の総人口の90%以上を占める主要な民族である。

表5　異文化理解力と適応力への意識

質問	・将来のために，朝鮮語と中国語のどちらをもっと重視した方がいいと思いますか。 ・朝鮮族の人と関わることと，漢民族と関わることはどのように違いますか。
A	朝鮮族や漢民族など，民族についてあまり考えたことはありません。私はただの中国人です。民族の言語や文化が異なることは知っていますが，全体的にはあまり違いを感じません。自分の朝鮮語があまり上手でないことを知っているので，将来はちゃんと学びたいと思っています。
B	必ず2つの言語を同じように学びたいです。仕事の際にも使用したいので。韓国が近いので，普段の生活や文化も韓国のものが多いですが，朝鮮族でも，中国語で会話しても違和感がありません。
C	将来的にコミュニケーションや仕事のために，両言語が同じように必要になる可能性があるため，どちらも同等に勉強したいです。言語には違いがありますが，漢民族と頻繁に交流しており，文化も自然に触れているため，あまり違いを感じません。とても自然な感じがします。
D	漢民族との交流をする時，あまり違いを感じません。なぜなら，私は両方の言語を話すことができるからです。大学に行ったら，朝鮮語をしっかり学ばなければなりません。朝鮮語が上手になれば，将来仕事で役立つことがあります。
E	将来の仕事のために，2つの言語をほぼ同じように勉強する必要があります。私は中国語の能力が高いため，2つの文化を理解するのが速く，大きな違いを感じることはありません。

なることは知っていますが，全体的にはあまり違いを感じません」と述べている。これは，民族的な違いを認識しつつも，日常生活においては大きな影響を与えていないことを示している。また，Bは「韓国が近いので，普段の生活や文化も韓国のものが多いです。しかし，朝鮮族でも，中国語で会話しても違和感がありません」と述べ，朝鮮語と中国語の使用に関して自然な感覚を持っていることが確認できる。この結果からも，彼らが日常的に漢民族との交流を通じて言語や文化の違いを意識しながらも，自然に適応していることがわかる。さらに，Cは「漢民族と頻繁に交流して，文化も自然に触れているため，あまり違いを感じません。とても自然な感じがします」とし，異文化理解力が日常生活の中で養われていることが明らかである。

全体的な傾向として，彼らは単に言語を学習するだけでなく，漢民族との交流を通して異なる文化に触れ，適応力を高めていることがわかる。以上のことから，彼らは複言語学習を通じて自然に異文化理解力と適応力を養っていると考えられる。

3.4　朝鮮族中学生の朝鮮語や朝鮮文化への誇り

表6は，朝鮮族中学生が朝鮮語の使用を通じて感じる感情や，家族およびコミュニティとのつながりについての調査結果である。「朝鮮語を話すことで，あなたはどのような感情やつながりを感じることがありますか」といった質問を用い，朝鮮族中学生に言語選択に対する意識を尋ねたところ，5人の協力者の回答から，朝鮮族の中学生は朝鮮語の使用頻度や能力がそれほど高くないにもかかわらず，朝鮮語や朝鮮文化に対して強い誇りや愛着を抱いていることが明らかになった。

特徴的な回答を表6に示した。Aは「韓国語の歌を歌ったり聴いたりするとき，自分はすごいなと感じます。朝鮮語ができる自分が立派だと思います」と述べ，彼女が朝鮮語を通じて家族や民族集団とのつながりを強く感じていることがわかる。また，Cも「家庭でのイベントや祝日の際には，みんな朝鮮語で話しますので，その時には民族の意識が強くなります」とし，家庭内での朝鮮語の使用が民族意識の強化に寄与していることを示している。Bは「旅行に行った際，民族について話すときは朝鮮語を使い，バイリンガルであることを他の人に羨ましがられると，とても誇らしい気持ちになりました」と述べ，自分たちの言語能力が周囲から評価された経験が，誇りにつながっていることが

表6　朝鮮族中学生の継承語を支える家族とコミュニティとのつながり

質問	朝鮮語を話すことで，あなたはどのような感情やつながりを感じることがありますか。
A	韓国語の歌を歌ったり聴いたりするとき，自分はすごいなと感じます。朝鮮語ができる自分が立派だと思います。
B	私は元々この国で生まれ，生まれたときから自然に2つの言語と文化に触れていたため，影響はないです。旅行に行った際，民族について話すときは朝鮮語を使い，バイリンガルであることを他の人に羨ましがられると，とても誇らしい気持ちになりました。
C	家族は，特に言語についてはあまり強く言いませんが，もし強く言ったとしても私にはあまり影響がないです。家庭でのイベントや祝日の際には，みんな朝鮮語で話しますので，その時には民族の意識が強くなります。たまに，友達との会話で自然に朝鮮語が話せると，とても嬉しいです。
D	私は朝鮮語が格が高い感じがします。朝鮮族は偉大な民族です（歴史的な要因）。母が漢民族なので，私は母に朝鮮語を教え，母は私に中国語を教えています。
E	家族は，両言語を上手に学ぶことを望みます。

窺える。さらに，Dは「私は朝鮮語が格が高い感じがします。朝鮮族は偉大な民族です」と述べ，朝鮮族の文化的・歴史的背景に対する尊敬や誇りを強調している。

全体的な傾向として，幼少期から二言語環境で育った中学生たちは，朝鮮語の使用や民族文化に対して劣等感を抱くことなく，むしろ誇りに感じている。以上から，朝鮮語が朝鮮族中学生たちにとって，単なるコミュニケーション手段にとどまらず，自己効力感や民族の誇りを育む重要な要素であると考えられる。

3.5　朝鮮族中学生の継承語使用に対する不安

表7は，朝鮮族中学生が朝鮮語を使用する際に感じる心理的な不安や緊張についての調査結果である。「継承語を使うことが楽しいと感じることはありますか。逆に，不安や煩わしさを感じることはありますか」といった質問を用い，朝鮮族中学生に言語選択に対する意識を尋ねたところ，5人の協力者から，朝鮮語の使用に対して不安や緊張を感じる場面が確認された。

特徴的な回答を表7に示した。Aは「みんなが朝鮮語で話すとき，時々そこに入れない感じがする」と述べ，自身の言語理解が追いつかないことから緊張感を覚えていることがわかる。また，Cは「年配の方々と話すとき，自分の言語が間違うのではないかと心配になる」とし，言語能力に対する自信の欠如が会話の際に心理的な負担になっていることがわかる。さらに，Dは「朝鮮族の人々の面子を潰したくないし，ちょっと恥ずかしい」と述べ，言語の誤用によって朝鮮族の面子を損なうことへの恐れが，心理的な負担として表れている。最後に，Eは「話す時にあまりスムーズでなく，心が安定していない」とし，言語使用に伴う不安が感じられる。

全体的な傾向として，これらの心理的要因を軽減するためには，文化的背景に配慮したうえで，学生の心理的側面にも注目した継承語教育が重要である。以上から，彼らの不安を軽減するためには，個々の学生が持つ不安要因を理解し，それに応じたサポートを提供する必要があると考えられる。

表 7　朝鮮族中学生の継承語使用に対する不安

質問	継承語を使うことが楽しいと感じることはありますか。逆に，不安や煩わしさを感じることはありますか。
A	時々理解できない時があるので，結構緊張しています。みんなが朝鮮語で話すとき，たまにそこに入れない感じがします。
B	（不安）そんなことはあまりありませんでした。
C	私の朝鮮語能力があまり高くないので，年配の方々と話す時に，自分の言語が間違うのではないかと心配になります。
D	私は朝鮮族の人々の面子を潰したくないし，ちょっと恥ずかしいです。
E	話す時にあまりスムーズでなく，話す時に心が安定していないです。言葉を間違えるのではないか怖いです。

4. 考察

4.1　朝鮮語の習得と使用の実態および位置づけ

朝鮮族の特徴の一つとして，集住コミュニティの中で生活し，主流の文化と明確に異なる独自の言語と文化を保持していることが挙げられる。しかし，今回の調査結果から，朝鮮族の若者において朝鮮語の位置づけが母語から継承語へと変化していることが明らかになった。

表 8 は，表 1 の継承語の特徴に朝鮮族中学生の結果を加えたものである。現在の朝鮮族中学生の場合，朝鮮語は家庭やコミュニティ内で最初に学ぶ言語であり，到達度としては「完全には伸びないが，日常生活でも頻繁に使用される言語」となっている。機能としては「家庭や民族集団で使われる言語」であり，文化的な伝統や価値を伝える役割を担っているが，その使用頻度や範囲は減少傾向にある。内的アイデンティティとしては「二文化併存的なアイデンティティを支える言語」であり，自らの文化的ルーツを保持しつつ，中国社会との繋がりも保つものである。そして，外的アイデンティティとしては「誇りを感じる言語」として位置づけられている。つまり，朝鮮語と中国語の両方を流暢に話すことで，中国という多民族国家の一員としての自己認識が強化されている。

また，朝鮮族の民族集団の中では，中国語と継承語の両方を使うことに対して比較的寛容な雰囲気がある一方で，一部の中学生は継承語の使用に関して不

表8　母語と対比した継承語の特徴

	母語	継承語	母語→継承語（朝鮮族の中学生）
習得順序	一番初めに覚えた言語	一番初めに覚えた言語	母語とほぼ同時に覚えた言語
到達度	最もよく理解できる言語	現地語との軋轢でフルに伸びない言語	フルに伸びないが，日常生活でもよく使われる言語
機能	一般的に広く使用される言語	主に家庭で使われる言語	家庭や民族集団で使われる言語
内的アイデンティティ	アイデンティティが持てる言語	アイデンティティが揺れる言語	二文化併存的なアイデンティティを支える言語
外的アイデンティティ	人に母語話者だと思われる言語	人に母語話者だと思われて「恥ずかしい思いをすることがよくある」言語	民族集団の一員であることを意識させる言語

中島（2017）を参照し，筆者により修正。

安を感じていることも分かった。

4.2　朝鮮族中学生における継承語の習得と使用およびアイデンティティ

小泉（2011）は，複言語話者のアイデンティティについて，「複数の言語と文化に身を置く人々は，常に自分の位置や周囲との関係を確認し，自らの置かれた状況にふさわしい言語や文化的規範を選択し使用しながら『ありたい自分』を表出している」と述べ，「自分の認識と他者の認識をふまえて形成および再構築される」とも指摘している。

通常，このような「文化のスイッチング・メカニズム（切替機構）」は心の内面の動きであるため，外面的な行動として観察することは難しい。しかし，今回は継承語の習得と使用に焦点を当てた調査を行ったため，朝鮮族の若者たちが社会的生存の戦術として自分なりの方法で継承語である朝鮮語を身に着け，場面に応じて使用している様子から，複言語話者のアイデンティティの在り方が示された。「支配的な主流社会文化」と「朝鮮族の民族文化」という2つの文化の狭間に身を置く朝鮮族の若者は，必要に応じて文化モードを切り替えて様々な社会場面に対応し，「バイカルチュラリズム（二文化併存）的なアイデンティティ」を示している。

また，別の視点から考えると，多文化が交差している環境の中で生まれ育った若者が,「境界人」のような状態に陥らないためには，言語を柔軟に使い分ける能力を通じて，自民族の文化と主流の文化の両方から受け入れられ，支援が得られることが重要であると考えられる。学校や地域社会で母語の使用頻度が高い環境において，継承語の習得と使用は単に言語を覚えて使うことだけではなく，少数民族の若者が自民族の文化を肯定的に認識し，自信を持って民族集団の一員として振る舞うための動機付けとなる。

今回の調査に協力した中学生は，少数民族の一員と自覚しながらも，主流社会からの疎外感はないことが特徴的であった。彼らは，中国語と朝鮮語の重要性を認識し，日常生活でこれら 2 つの言語を使いこなしている。2 つの言語を習得することで，異なる文化的視点から他者や社会を理解できている。また，漢民族との頻繁な交流を通じて，朝鮮族と漢民族の両方の文化に触れ，異文化の違いに敏感になり，異文化間のコミュニケーション力を自然に高めている。さらに，多文化社会で生まれ育った朝鮮族中学生たちは異なる文化への抵抗が少なく，海外の文化にも関心が高い。このことは，個人の将来のキャリア発展に寄与するだけでなく，一人ひとりの個性が理解され尊重される多文化社会における人材育成にもつながる。

4.3　多様な場で行われる朝鮮族若者の継承語習得と使用

Willbert（1976）は，ラテンアメリカ諸国の伝統的部族社会の教育に関する研究を通じて文化教育を分類した。家庭における日常生活を通じて行われ，内容や形式が明確に規定されない教育を「非定型的教育」，学校教育のように内容と形式が整った教育を「定型的教育」，少数民族の伝統行事や文化交流イベントなどの活動を通じての教育を「準定型的教育」と定義している（江淵 1997）。

現代社会では，家庭における教育，民族集団における教育，学校における教育などの間で，言語や基底的価値・規範に関する文化的な連続性が十分に保たれていない可能性がある。例えば，定型的教育としての学校教育は受験を目標とする傾向が強く，民族文化に関する内容が十分に重視されないことがある。また，家庭で行われる非定型的教育も核家族化の進行により，縦の一貫性を維持しづらい状況にあると言える。

そこで，準定型的教育の場として少数民族の行事や文化イベントが文化の継承において果たす役割は重要と考えられる。朝鮮族の若者が民族行事に参加し，民族衣装や歌，踊りなどの芸術，さらには食文化といった集団の歴史を象徴する要素に触れることで，民族自尊心が高まり，民族の価値観や思想体系が自然と内面化される可能性がある。また，文化を受け継ぐプロセスを通じて，継承語の習得や使用への動機付けが高まると考えられる。

今回の調査結果から，「準定型的教育」の場は継承語教育における文化的連続性と統合性を補完する重要な役割を果たしている可能性があることが示唆された。

おわりに

本章では，アイデンティティの視点から，朝鮮族中学生における継承語の習得・使用に関する意識を調査した。朝鮮族中学生たちは，継承語を自分の強みの一つと捉え，習得と使用に前向きな姿勢を示している。また，少数民族の一員であるという自覚を持ちながらも，主流社会から疎外されている感覚はなく，二文化併存的なアイデンティティを持つことが特徴となっている。

今回の調査から，少数民族の行事や文化イベントに参加し，民族衣装や歌，踊りといった芸術や，さらには食べ物など，集団の歴史を意識させるシンボルに触れることが，継承語教育において大きな役割を果たしていることが明らかになった。そのため，民族文化と自然に触れる機会を設け，安心して他者と継承語で会話できる場を提供することが重要であると考える。この点は，今後の継承語教育を考える上で重要な示唆を与えるものと言える。

今回の調査協力者の人数が5人と少なかったため，これらの傾向はまだ仮説の段階にあると考えられる。今後は，さらにサンプルサイズを増やし，社会変化と朝鮮族中学生の継承語の学習や言語使用との関連性，ならびにそれに関連する要因や影響について検討する必要がある。

参考文献

江淵一公（1997）『異文化間教育学序説―移民・在留民の比較教育民族誌的分析』九州大学出版会
関辛秋（2001）『朝鲜族双语现象成因论』北京民族出版社
小泉聡子（2011）「複言語話者にとってのことばの意味－複言語主義的観点から－」『言語教育研究』第 2 号，pp. 31-41.
张金桥，包韦玲，伍丽梅（2021）「祖根意识对印尼华裔青年传承语焦虑的影响」『华文教育与研究」』82 (2)，pp. 71-79.
中島和子（2017）「継承語ベースのマルチリテラシー教育：米国・カナダ・EU のこれまでの歩みと日本の現状」『母語・継承語・バイリンガル教育 (MHB) 研究』13，pp. 1-32.
福田浩子（2011）「複言語・複文化主義における言語教育の新たな方向性」『言語政策』第 7 号，pp. 25-37.
宮下尚子（2007）『言語接触と中国朝鮮語の成立』九州大学出版会
李娜（2022）「中国朝鮮族複言語話者の言語使用とアイデンティティに関する研究－延辺朝鮮族集住地域を事例に－」，九州大学博士論文

第２部
継承語により照射される
日本の社会・文化・教育の諸相

第6章

中華圏における日本語の継承とトランスナショナル空間

――仮想世界と現実世界をつなぐ言語資源――

柳瀬千恵美

はじめに

グローバル化を背景に海外に在住する日本人は年々増加し，それとともに親に帯同されて海外に住む日本人の子どもや国際結婚をした日本人の子どもも増加の一途を辿っている[1)]。従来，日本国外の非日本語環境において，日本語母語話者である親が子どもに日本語を継承する場合，言語資源としての日本語が非常に限られていることが大きな課題とされた（中島 1998；佐々木 2003)。とりわけ，現地の学校や国際学校に通う子どもは，家庭内での親の日本語使用にもかかわらず，現地語や学校言語に圧倒され，日本語を継承することは常々困難が伴った。

しかしながら，グローバル化はモノやヒト，カネ，情報の国境を越えた流通を活発化させ，とりわけインターネットの普及を通して私たちの生活世界を大きく変化させている。2000年代に入り急速に普及が進んだインターネットを通じ，日本のテレビ番組やアニメ，漫画，ゲームが海外でも簡単に楽しめるようになった。また，移動や通信コストの低減化は，現実の日本の人や社会との繋がりをかつてないほど密接にしている。このような仮想世界における豊富な言語資源と現実世界における日本の人や社会との密接な繋がりが，海外での日本

1）外務省領事局政策課『海外在留邦人数調査統計　令和4年度』によると，海外在留邦人数はコロナ禍直前の2019年に141万0356人でピークを迎え，その後減少に転じている。二十歳未満の人数が統計で公表されているのは2017年までで，当年在留邦人の22%（30万2085人）を占めている。https://www.mofa.go.jp/mofaj/toko/page22_003338.html（2024年10月21日閲覧）

語継承にどのような変化をもたらしているかを，日本から距離的に近い中華圏を対象にトランスナショナルな視点から描き，仮想世界と現実世界の言語資源のダイナミズムが継承日本語教育[2)]にもたらす新たな展望を示すことを本章の目的とする。

1．先行研究

元来多国籍企業の国境を越えた活動とそれに伴う人の移動を捉える視点として使用されていたトランスナショナルという言葉は，1990年代アメリカの移民研究の中で新しいタイプの移民の生活様式という認識に基づいて，新たにトランスナショナリズムとして語られるようになった。Schiller, Basch & Blanc（1992）は，当時の東カリブ海，ハイチ，フィリピン出身の移民がアメリカで生活しつつも，出身社会とネットワークで結ばれ政治的・経済的・社会文化的・宗教的に繋がりを維持し，移民が移住先に完全に同化するのではなく，2つ以上の社会を行き来し同時にそれらの社会に属している現象を，移民の越境的な生活様式のプロセスとして捉えた。グローバル化の進展と，それに伴う移民の増加と拡散を背景に，その後の20年でトランスナショナルな視点からの移民研究は飛躍的な発展を遂げた（Vertovec 2009）。しかしながら，移民のトランスナショナリズム研究は，アメリカでは多くの場合移民第一世代である成人に焦点が当てられ，子どもや若者，家庭に関する研究は手薄であった（Sánchez 2007；Ek 2009）。Sánchez & Machado-Casas（2009）は，第一世代の移民がトランスナショナルな生活様式をより強く求めるように見られることから，第一世代の移民家庭では第二世代の子どもにもその影響を及ぼすような特徴があるとする。その具体例として，モノやお金，人，そして情報やアドバイス，関心，愛情，権力システムなど，より抽象的なものの双方向の流れを家庭内で経験することを指摘する。

トランスナショナリズムと移民の言語及びリテラシーの関係について，Lam

2）家庭で親から継承する社会の少数派言語を継承語（heritage language）という。継承語の定義は多様であるが，本章では移動を焦点化している点から中島（2017）の定義に従う。

& Warriner（2012）は，移民家庭の言語とリテラシー実践が国境を越えた社会関係構築と維持に重要な役割を果たすことを強調する。その例として，メキシコの親戚との国境を越えた繋がりが強い移民家庭で，子どもの社会化のための談話実践が行われていることを示し，このような社会化の形をとる談話経験は国境を越えた関係が維持されるが故に可能であり，移民第二・第三世代の家庭では見られないという González（2001）[3)]の研究を紹介している。また，Ek（2009）は，ロサンジェルスに住むグアテマラ出身移民家庭の一人の子どもに対する11年に及ぶ縦断調査の結果，親戚が多く住む両親の出身地を繰り返し訪れるトランスナショナルな実践が，彼女にとってグアテマラの言語と文化の資源となり，ロサンジェルスとグアテマラにある教会への参加が彼女の宗教的アイデンティティを強化したと考察している。

このような移民が構築維持する言語やリテラシーの実践が行われる空間を，Hornberger（2007）は「トランスナショナル空間」と呼び，教育的空間，社会的空間，オンライン空間，就業空間などがあるとする。この空間の中で，移民たちはトランスナショナルなリテラシーを通じて，自分自身を語りアイデンティティを構築する機会を得ると言う。Lam & Warriner（2012）は，それぞれ言語使用の異なるルールのもとでコミュニケーション実践が行われる様々な規模の「トランスナショナル空間」では，ローカルとトランスローカルの複雑な多言語環境があると述べる。

多様な「トランスナショナル空間」で行われる言語実践は，第二言語習得の立場から捉えようとすると，社会文化的アプローチが有効であると思われる。Zuengler & Miller（2006）は，第二言語習得の社会文化的アプローチについて，「現実世界の状況の中での言語使用を副次的なものとしてではなく，基本的なものと見」，「言語をインプットとしてではなく，我々の日常生活の中で繰り広げるある種の活動に参加するための資源として焦点化する」もので，「これらの活動への参加は，学習の産物でもありプロセスでもある」（Zuengler & Miller 2006：37-38）と概説する。日常的な「トランスナショナル空間」での活動参加

3）González, N.（2001）. *I am my language: Discourses of women and children in the borderlands*. Tucson: University of Arizona Press.

が言語学習を促すのであれば，この空間は学習者にインタラクションを通じて言語文化資源を提供する場と定義できる。

本章では，海外において日本語を継承する子どもたちの「トランスナショナル空間」について，次のように取り扱うものとする。日常的に日本語のコミュニケーションを行う家庭空間や家庭外で日本語のコミュニケーションを行う現地の日本語コミュニティ空間，および定期的に一時帰国し日本の親族や友人と繋がる実際の日本社会空間を，実際のインタラクションが行われる「現実世界」とする。一方で，テレビやインターネット，漫画，本などのメディアを通して日本語や日本文化に触れる非現実空間は，擬似的インタラクションが行われる「仮想世界」として区別する。なお，電話やメール，SNS など通信技術を用いた現実の人とのインタラクションは，「現実世界」のものと捉える。

海外での日本語の継承は，基本的には日本語母語話者である親とのインタラクションを通じて行われ，同時に文化的，社会的知識の伝授を伴って，子どものコミュニケーション能力を高めていくものと考えられる。しかしインタラクションは，日本語母語話者の親との間だけに限定されるものではない。欧米での継承日本語研究では，家庭と並んで現地エスニックコミュニティが重要な役割を果たすと言われる（Shibata 2000；Siegel 2004；Oriyama 2012）。また，インターネット時代の今日，子どもの日常生活において日本語や関連の文化的・社会的知識の習得につながるインタラクションは様々である。本章では，このような子どもの言語の発達や文化の理解に利用できるものを「言語資源」と定義する。

非日本語環境の日本語資源に関して，これまでの研究では，ダグラス・片岡・岸本（2003）がアメリカで行った家庭言語環境調査で，家庭言語，友人や来訪者，コミュニティ活動，学校外での日本語の勉強，日本文化の習い事，日本訪問等の項目が取り上げられているが，これらはほぼ現実世界での言語資源に限られている。Douglas et al.（2013）の近年の調査でも，日本語習得には家庭での日本語使用，日本語学校での勉強，日本滞在経験が重要な役割を果たすと論じ，やはり現実世界の言語資源にのみ目が向けられている。Oriyama（2012）は，シドニーの週末日本語学校に通う 6 歳から 14 歳の子ども 62 名を対象に，日系コミュニティ接触と日本語の読み書きの関連を調べる中で，言語使用に関する調査を行っている。その調査項目は家庭内言語使用，日本への帰国頻度，親の日本語学習サポートや日本語教材という現実世界での言語使用の他に，読書回数，テレビ番組視聴の多様性と頻度，日本の娯楽アイテムという「仮想世界」での言語使用が取り上げられている。そのうち，読書回数とテレビ番組視聴の多様性が子どもの読み書き能力に大きく寄与することを報告し，「仮想世界」での言語資源の有効性を示唆するものの，現実世界における日系コミュニティとの日常的な接触が，子どもの日本語の読み書き能力の向上に最も貢献することを強調する。

他方，トランスナショナルな実践として，頻繁な一時帰国によるインタラクションが考えられる。先行研究は，保護者が日本への一時帰国を子どもの日本語習得のための教育戦略として捉えている（ダグラス他 2003；渋谷 2011）ほか，日本語学習の動機付けに一定の効果がある（Kondo 1998）ことを示している。一方，Oriyama（2012）は一時帰国の効果は一時的なものとして，日系コミュニティでの日常的な実践の重要性を強調する。調査対象者の属性や調査地により異なる結果が導き出されているが，これらの先行研究の言語資源観は，それぞれの言語資源が独立したもの，極端には比較分析上対立する項目のように扱われている。

今日グローバル化のもと，世界中の多くの場所でインターネットが普及し，通信・運輸が容易に廉価で利用できる。本章では，グローバル化の影響が大きい地域の中から，インターネットの普及だけでなく，日本からの距離が比較的近く，移動の経済的・時間的コスト低減の恩恵を大きく受けている中華圏を研究の対象とする。具体的には北京・台北・香港に在住する日本語を継承する子どもたちが，仮想世界の言語資源，現実世界の言語資源をどのように活用しているのか，これらの言語資源はどのような関係にあるのかについて，明らかにすることを課題として設定する。

2. 調査方法と調査対象

本研究は2種類の異なる調査からなる。一つは，北京を調査地点とした，既に日本語継承の一定成果が確認できる中学生以上の子どもたちの日本語の言語資源をめぐる，インタビューを主とする縦断調査である。もう一つは，先の調査で得た日本語継承のために活用されている言語資源について，まだ言語発達途上の段階にある小学生を中心に，調査地域を北京・台北・香港に広げた，語彙力評価とアンケートを主とする横断調査である。

調査が二段階から構成されるのは，以下の理由による。まず，横断調査と縦断調査という異なる調査手法を用いることにより，本研究の課題をより全面的に，より詳細に明らかにできるからである。次に，対象の子どもの年齢層を変えることで，グローバル化の進展がもたらした時代的変化をとりこぼさず調査結果に反映できると予想される。さらに，同じ中華圏でも地域による違いがあるかどうかを確認できると考える。以下，それぞれの調査方法と調査対象について叙述する。

2.1　北京における縦断調査

「中国人男性と結婚した日本人女性の会」（仮称N会）は，北京で1990年代半ばに設立された緩やかなネットワーク組織であり，会員は日本から中国へ結婚移住した日本人女性である。調査は，N会の中学生以上の子どもを持つ母親とその子どもを対象に，2013年8月～2014年9月初回のインタビューを行った。調査対象を中学生以上としたのは，一定の言語習得段階に達していると思われること[4)]と，インターネットを利用するユーザーの割合が小学生では多くないことによる[5)]。初回調査で夫婦の出会いからのライフヒストリーと，子どもの言語や家庭の教育方針及び言語習得プロセスについて半構造化インタビューを行い，録音し文字起こしを行った。その後2017年3月まで追跡調査を行い，一部実施した面接調査の内容はフィールドノートに記録し，必要に応じてメールで質問，回答のやり取りを行った。子ども34名のうち，インタビューを実施できたのは19名，インタビュー調査が行えなかった15名については，母親か

4）関口（2008）は，移民研究において「子ども」と「大人」の境界（成熟ラインや言語文化形成期の境界ライン）をどこに引くかという問題に関して，先行研究では13～14歳を成熟ラインに定めるものが多いというグアルダの見解を紹介している。

5）中国互連網絡信息中心（2016）の統計によると，6歳から24歳までのネット人口は，6～11歳11.5%，12～18歳40.4%，19～24歳48.1%の年齢構成となっている。

らの情報をもとに分析する。

2014月9月の時点で，調査協力者である日本人母親は年齢が30代から50代，全員日本生まれの日本語母語話者，日本国籍である。1名を除き全員中国滞在は10年以上，長い者で20年を超える。大半の家庭が年に1，2度日本へ帰国するという頻度の高さから，経済的には中レベル以上と言える。学歴は四大卒以上が半数を超え全体として高学歴であること，北京在住であることから家庭の教育資本も充実していると考えられる。子どもは1992～2001年生まれで，性別は男18名，女16名，1名を除き滞中歴10年以上である。

2.2　北京・台北・香港における横断調査

北京の縦断調査で得られた日本語継承に活用されている言語資源をカテゴリー化し，いくつかのトランスナショナル空間を抽出する。それをもとに中華圏を代表すると考えられる北京・台北・香港を調査地点とし，2019年5月から12月にかけて，日本語を継承する中学生以下の子どもを対象に対面で語彙力評価を実施し，母親にアンケートを依頼した。アンケートの内容は，主として子どもを取り巻くトランスナショナル空間及び言語資源に関しての問いである。

語彙力評価は，多言語環境で育つ子どもの言語習得状況を簡便に把握する方法として，DLA語彙カード[6)]を用いて，日本語及び子どもが得意な言語（中国語，広東語，英語）で実施した。北京での縦断調査では，協力者は言語発達が一定レベルに達した中学生以上であることから，子ども自身あるいは母親の判断に基づいて子どもの言語習得状況と見なした。しかし北京・台北・香港の横断調査では，協力者が言語発達途上であることから，子ども自身あるいは母親の判断以外に，比較的客観的な評価が別に必要であると考えた。語彙力評価は，協力者の得意な言語の順番に従って，55枚1セットの語彙カードが示すものやことを各言語で答えるという手順で行った。発話は録音し，香港で広く使われる広東語は母語話者にチェックを依頼し，その他の言語は筆者の書き起こし

6）文部科学省が開発した「外国人児童生徒のためのJSL対話型アセスメントDLA」の導入部分で語彙力チェックのために使われる基礎単語の絵カードである。https://www.mext.go.jp/a_menu/shotou/clarinet/003/1345413.htm（2024年10月21日閲覧）

表1　調査協力者の子ども　（名）

調査地	人数	性別		年齢（調査実施時2019年現在）						
		男	女	6歳	7歳	8歳	9歳	10歳	11歳	12歳以上
北京	25	13	12	1	6	3	5	5	2	3
台北	27	14	13	0	5	3	3	9	5	2
香港	31	15	16	3	3	6	10	1	3	5

後，判断に迷う答えについて母語話者に確認をした上で，一定のルールのもと点数化した。

調査協力者は，北京ではN会を通して，台北と香港では主として週末に日本語の授業を行う補習授業校[7]を通じて調査協力を得た。協力者の子どもに関する基本的情報を，表1に示す。

3. 調査結果――子どもの言語習得状況

3.1　北京における縦断調査

調査協力者の日本人母親は全員移民第一世代であるが，調査の結果，その子どもたちの言語状況は，非常に多様であることが明らかになった。インタビューやメールで確認した，本人あるいは母親によって判断された言語優勢順位[8]を表2に示す。

表2から，程度の差はあれ，すべての家庭が日本語の継承を行っているとい

表2　子どもの言語優勢順位の状況　（名）

	日>中>英	中>日>英	中>英>日	英>中>日	計
合計	6	20	6	2	34

7）香港には文部科学省の認定を受けた香港日本人補習授業校という補習授業校，台北では台北日本語授業校という準補習授業校があり，日本語を継承する子どもたちに日本語の授業を行っている。しかし調査協力者の子ども全員が補習授業校に通っているわけではない。

8）個人の言語レパートリーにおける言語の得意順。インタビューやメールで，「どの言葉が得意ですか」という質問によって回答が得られた。優劣の判断がつかない場合，便宜的に「読み書き」能力が高いとするものを上位にした。

表3　教育機関形態別在籍状況　　（名）（初回調査時点。卒業者は最終の学校を基準とする）

教授言語		中国語		英語 / 中国語		英語	日本語	合計
教育機関形態		現地校*			英中バイリンガル	国際校	日本人学校**	
		普通班	国際班	国際課程				
言語優勢順位	日＞中＞英	2	2	0	0	0	2	6
	中＞日＞英	15	5	0	0	0	0	20
	中＞英＞日	4	0	2	0	0	0	6
	英＞中＞日	0	0	0	1	1	0	2

* 普通班は一般的な中国人児童が通うクラスである。国際班は外国籍の子どもが通う英語の比重が大きい中国語クラス，国際課程は主として外国籍生徒のための英語圏留学のためのコースで，学費は普通班よりかなり高額である。

** 北京日本人学校は小学校と中学校のみで，高校は併設されていない。また入学に資格制限があり，調査協力者が就学時，国際結婚家庭では一般的な選択肢となっていなかった。近年事情が変わり，国際結婚家庭の子どもの受け入れが急増している。

うことが確認できる。各家庭の教育方針が多様であり，日本語をどの程度子どもに継承するかも様々であるが，母子間の会話は日本語で行いたいというのは，調査協力者の母親全員に共通する希望であった。

そのような母親の希望に対して，母子間の会話で母親に対する発話が中国語あるいは日本語と中国語の混合である子どもは，2014年9月の時点で34名中3名，母子間の会話は基本的に日本語使用の子どもは31名であった。この3名が，母親が日本語で話しかけても，中国語で返す理由については，言語資源だけではなく他の要素も含まれるが，本研究では言語資源の面から分析考察を行うものとする。

また，第一優勢言語となっているものは，基本的には学校教授言語であり，各家庭の教育方針が学校選択に反映されていることが分かった。言語優勢順位別の在籍教育機関の形態について，表3に示す。

3.2　北京・台北・香港における横断調査

北京・台北・香港の3都市での調査結果は，同じ中華圏でも地域によって非常に異なる言語状況の多様性を示した。まずは，3都市の子どもの自己申告された言語優勢順位を表4に示す。

表4から，北京での縦断調査と同様に，すべての家庭で日本語の継承を行っ

表4　子どもの言語優勢順位　　（名）（括弧内の数字は日本人学校在籍者の数）

北京（25名）		台北（27名）		香港（31名）*			
中＞日	22	中＞日	16	広＞日	5	広＞英＞日	1
日＞中	3（2）	日＞中 日＞英＞中	10（2） 1	日＞広 日＞英	6（1） 1	日＞英＞広 日＞英＞中	2 5
				英＞日	3	英＞日＞中 英＞中＞日	6 2

* 香港では中国語の一方言とされる広東語が現地の生活言語であるが，英語が教授言語の国際校では基本的に中国語が第二言語とされる。また現地校でも学年が進むと中国語の授業が行われる。

ていることが確認できる。しかしながら，第一優勢言語となっている言語が基本的に学校教授言語であるとは，北京の中国語，香港の英語については一部言えても，台北・香港での日本語について説明できない。調査協力者の子どもの年齢が低く，優勢言語の判断を誤っている可能性があることを考慮し，併せて多言語語彙力評価の結果を示す。その際香港の子どもの多様な言語状況に関しては，比較の便宜のため2言語関係に焦点化する。表5は，語彙力評価の結果から優勢言語の関係（日本語が第三の場合，第一優勢言語と日本語の関係）を示したものである。

表4の得意言語の自己申告と表5の語彙力評価の結果に違いが生じたのは，北京7名，台北6名，香港10名であったが，ほとんどの場合2言語の点数差は5点以内におさまる程度である。DLA語彙カードが示しているものは日常生活での基本的な単語や生活用語であり，何を基準に得意言語と考えるかはそれぞれで異なることから，誤差が生じるのは自然であろう。それより注目に値するのは，日本語の習得状況が他の言語に比べて相対的に決して劣勢ではないということである。次に55枚の語彙カードがしめすものを子どもたちがどれだ

表5　多言語語彙力評価の結果－日本語と他言語の関係　　（名）

	北京（25名）	台北（27名）	香港（31名）
中国語（広東語）＞日本語	15	13	7
日本語≧中国語（広東語）	10	14	6
英語＞日本語	-	-	15
日本語≧英語	-	-	3

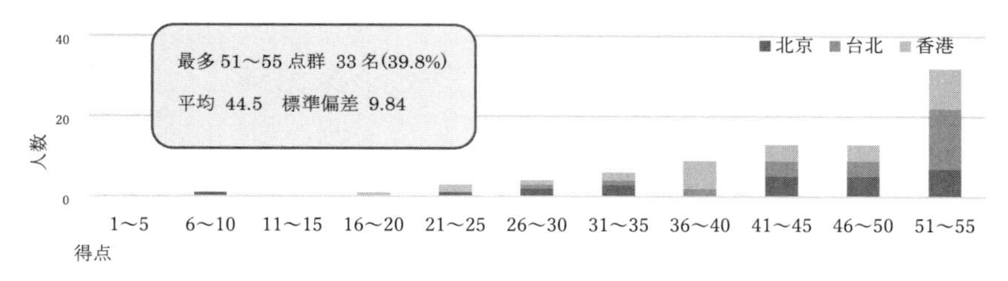

図1　語彙力評価日本語の得点分布

け答えられるのか，語彙力評価の全体的結果を図1に示す。

この語彙力評価は，子どもが即座に正確に答えるかどうかのテストではなく，その言語でどれだけ知っているかを測ることを目的とするため，子どもの潜在的な力を引き出すことに注力し，子どもが考えて答えるまで待つようにした。また，幼児ことばや，言い間違いをした後の訂正も正答とした。その結果が上の図1である。最多の51～55点（55点満点）群の子どもは，北京8名(32%)，台北15名（55%)，香港10名（32%）である。

このように語彙力評価の結果は，子どもたちは日本語の言語資源が乏しい非日本語環境で生活しているにもかかわらず，日常生活での基本的な単語や生活用語については知っている語彙が比較的多いことを示している。こうした不利な条件のもとで子どもたちはどのように日本語を習得していくのであろうか。次節では日本語の継承に活用されているトランスナショナル空間に注目して，北京での縦断調査及び北京・台北・香港での横断調査のデータをもとに分析を行う。

4. 分析

4.1　北京縦断調査データの量的分析

調査で収集したデータは，まず言語資源のカテゴリー化による量的分析を行い，調査対象の子どもたちが利用している日本語の言語資源の全体像を摑むことにする。言語資源のカテゴリー化は，日本語を言語資源としてインタラクションが行われるトランスナショナル空間によって分類するものである。子どもを取りまく日本語資源は，前節の「調査結果」で取り上げげた「家庭言語」，「学校教授言語」の2つ以外に，「一時帰国」，「メディアを通した日本語接触」（以下「メディア」），「日本語学習」，「（北京において）家庭外で日本語を使う活動」（以下「日本語活動」），「体験入学」が抽出された。

表6，7，8，9は，子どもの言語優勢順位別に，それぞれの子どもの日本語の言語資源をカテゴリーごとに示したものである。「家庭言語」が複数の場合は，使用割合が大きい順に示した。「一時帰国」はその頻度を示している。「メディア」は一つのカテゴリーにまとめたが，その内容は非常に多様である。参考のために本と雑誌以外はコンテンツを略号（G：ゲーム，S：音楽，A：アニメ，V：バラエティ，D：ドラマ，M：漫画，I：ネット動画及び文字情報）で示した。符号●○△×はそれぞれ言語資源の状況を総合的に判断したものである。●は十分な資源がある，○は限定的ながらもある，△は非常に限定的あるいは過去にあったが現在はない，×はなし，である。例えば，「日本語学習」では，日本人学校在籍経験があれば●，日系の塾に通ったり，日本の通信教育を受けていれば○，過去に平仮名やカタカナを家庭で学習したり，一時的に通信教育を受講していたが現在は行っていないなどは△，日本語学習を全く行っていないものは×である。「日本語活動」については，家族外で日本語で話す親しい友人との付き合いがあれば●，多くの場合，日本語で話す知り合いはいても親密な関係ではなく，○や△となっている。また，母親が参加する日本語コミュニティ活動に一緒に参加するのは小学校中学年前後までで，その後は子ども自身の活動や交友関係が優先されるようになるケースが多く，そういう場合は△である。「体験入学」は，一時帰国の際に日本の学校に一時的に受け入れてもらう制度であるが，○は定期的に「体験入学」をしたもの，その経験が少ないものは数字で「体験入学」の回数を示し，×はなし，である。なお「体験入学」については，個々の経験によりその賛否が分かれている。以下，言語優勢順位別にそれぞれの特徴を説明する。なお，年齢は2014年9月，言語資源データは初回調査時（2013年8月～2014年9月）を基準とする。「進路」は2017年3月時点で最終確認した進路状況で，括弧内は居住地・居住予定地である。

表6は，言語優勢が「日＞中＞英」の順である6名の日本語言語資源状況を示したものである。3と4を除く4名は日本人学校在籍経験があり，学校教授

表6 「日＞中＞英」6名の日本語言語資源状況

	年齢	性別	家庭言語	一時帰国(回)	メディア	日本語学習	日本語活動	体験入学	進路
1	21	男	日	2/年	G, A, V, M, I, 本	●	○	○	高校（日） 大学（中）
2	21	女	日	2/年	G, A, I, 本	●	△	×	就職（日）
3	20	女	日中	1/年	G, S, A, M, I, 本	△	△	○	大学（日）
4	19	男	日中	1/年	G, A, M, 本	△	△	○	高・大（日）
5	16	女	日中	1-2/年	S, I	●	○	×	大学（中）
6	13	男	日	2/年	G, A, M, 本	●	●	×	−

言語であった日本語が優勢になっていることが明らかになった。1，2，5，6はいずれも，現地校と日本人学校という日中両方の言語を教授言語とする教育機関間の移動がある。例えば，1は小学校は現地校，中学校は日本人学校，日本の高校で3年間学んだ後，中国の大学に進学している。5は一時期日本の小学校にも通った経験を持つ。このように，学校がトランスナショナル空間として大きな影響をもち，子どもの日本語を優勢にしていると考えられる。

一方，3と4は同じ家庭の姉弟であるが，現地校在籍で中国語を教授言語としながら，日本の学校へ進学する前に日本語が優勢になっている。言語資源のデータから見る限りでは，体験入学を含む一時帰国とメディアを通した日本語接触に関連があると考えられる。

表7は，言語優勢が「中＞日＞英」の順である20名の日本語言語資源状況を示したものである。このグループの子どもは，学校教授言語の中国語が一番得意であるが，母親に対する言語は，21と22を除いて基本的に日本語である。家庭言語，日本語学習，日本語活動，体験入学に共通する傾向は見られないが，一時帰国とメディアを通した日本語接触については大半の子どもが積極的に利用していることが分かる。とりわけアニメの視聴は20名中15名に上り，漫画と本はそれぞれ11名である。日本語の本を読む子どもが年齢の大きい子どもに多いことも注目に値する。

メディア利用が比較的少ない子どもについて見ると，まず母親に中国語で話す21と22がある。21は，小学生の頃までは母子間で日本語を使っていたが，

表7 「中＞日＞英」20名の日本語言語資源状況*

	年齢	性別	家庭言語	一時帰国(回)	メディア	日本語学習	日本語活動	体験入学	進路
7	19	男	日	2/年	G, A, I, 本	△	○	×	大学（中） 就職（日）
8	19	男	中日	1-2/年	A, M, 本	△	×	○	大学（米）
9	18	男	日	2/年	G, A, M, 本	△	○	○	大学（米）
10	17	女	中日	2/年	A, M, I, 本	○	△	○	大学（日）
11	16	男	日	1/数年	V, A, I, 本	○	△	1	大学（日）
12	16	女	日中	1-2/年	A, M, I, 本	△	△	2	大学（日）
13	16	女	日中	2/年	A, V, M, I, 雑誌	△	△	×	大学（日）
14	16	女	日中	2/年	V, 本	△	△	×	大学（中）
15	16	男	中日	1-2/年	A, M, 本	△	×	×	大学（中）
16	15	男	中日	近年 2/年	A, I	△	×	1	－
17	15	男	日	1-2/年	G, A, V, M	△	△	○	－
18	14	男	日中	2/年	A, V, M	△	△	1	－
19	14	女	中日	1/年	S, V, 本	△	×	2	－
20	14	女	日	1/数年	V	○	△	×	高校（日）
21	14	男	日中	2/年	A, V	△	△	×	－
22	14	男	中日	2/年	A	△	×	×	－
23	14	男	中日	1-2/年	A, M	△	×	×	－
24	13	女	日	1/年	M, 本	●	○	×	－
25	13	女	日中	2/年	V	△	×	×	高校（日）
26	13	女	中日	1-2/年	A, M, I, 本	△	×	2	－

* 網掛けの2名は，母子間の会話において，日本語で話しかける母親に対し，中国語あるいは日中混合で話す子どもである。

思春期に入り日本語を使わない傾向が見られるようになった。22は，母親によると，子どもが日本語で話すのは母親に対する発話の20%程度で，80%は中国語である。母親は，子どもが小さい頃，日本語を使うことを意識してこなかったためではないかと分析する。20と25もメディア利用が比較的少ないが，20は家庭の言語を日本語にしていること，25は一時帰国を年に2回，夏休みと冬休みの全部を日本で過ごすことから，日本語の会話は問題ない。

表8 「中＞英＞日」6名の日本語言語資源状況*

	年齢	性別	家庭言語	一時帰国(回)	メディア	日本語学習	日本語活動	体験入学	進路
27	19	男	中日	1-2/年	G, A	△	△	×	大学（米） 大学院（日）
28	19	男	日	1/数年	D	○	△	×	高・大（日）
29	16	女	中日	1-2/年	A, M, I, 本	△	△	○	大学（米）
30	16	女	中日	1-2/年	雑誌	△	×	○	高・大（米）
31	15	男	日中	1-2/年	M, I, 本	△	△	1	大学（米）
32	13	女	日中	1/2年	S, D	○	×	×	留学希望

* 網掛けの1名は，母子間の会話において，日本語で話しかける母親に対し，中国語あるいは日中混合で話す子どもである。

表8は，言語優勢が「中＞英＞日」の順である6名の日本語言語資源状況を示したものである。このグループの子どもの日本語言語資源状況は非常に多様である。一時帰国頻度が高く，メディアの日本語資源も豊富な29と31は，漫画や本を楽しむぐらいの日本語運用力を持っている。一方で，27，28，30は日常的な日本語の実践は問題ないが，読み書きにおいて学校で学習する英語が日本語を上回り，日本語に一種の苦手意識を持っている。28は日本の高校，大学へ進学し，日本語の読み書きも問題ないが，本は中国語を，インターネット情報は英語を好み，日本語の苦手意識により日本語のメディア利用が少ないことが，子ども本人から報告された。また，母への言語がほとんど中国語である32は，幼稚園入園前，母親が子どもの中国語を強化するために中国語で話すようにした結果，その後母親が日本語で話しかけても日本語で話さなくなったケースである。一時帰国の頻度が少なく，期間も短く，家庭外で日本語を話す機会もほとんどないことから，32のトランスナショナル空間は非常に狭いと言える。32の「日本語学習」は，在籍中学で第二外国語として日本語を履修したことによる。

表9は，言語優勢が「英＞中＞日」の順である2名の日本語言語資源状況を示したものである。この2名は英語を教授言語とする国際校，英中バイリンガル校に在籍し，母親は明確な複数言語教育方針を持っている。そのため，可能

表9　「英＞中＞日」2名の日本語言語資源状況

	年齢	性別	家庭言語	一時帰国(回)	メディア	日本語学習	日本語活動	体験入学	進路
33	14	男	日	数回/年	M, I, 本	○	△	1	留学希望
34	13	女	中日	2/年	A, M, 本	○	○	○	留学希望

な言語資源を最大限活用しようとする努力がインタビューでも明確に語られた。33の家庭では，言語は日本語に限定し，一時帰国の頻度も高く，日系の塾で読み書きを学習している。34は通信教育とメディアを活用，母親は日本語活動への参加や体験入学も重視する。

34名の子どもの日本語の言語資源について，家庭での日本語使用以外に，母親が日本語の継承のために重視しているものは家庭によってさまざまであるが，なかでも一時帰国とメディアを通した日本語接触が顕著であることが，表6〜9から明らかである。それに対し日本語学習，家庭外での日本語活動，体験入学は限定的あるいは一時的なものにとどまっているように見受けられる。このような北京の縦断調査から得た継承日本語をめぐるトランスナショナル空間に対して，よりグローバル化が進んだ時代に日本語を継承する子どもたちはどのようなトランスナショナル空間の日本語資源を活用しているのか，北京・台北・香港の横断調査の結果をもとに分析を行う。

4.2　北京・台北・香港の横断調査データの量的分析

北京の縦断調査の協力者は1992〜2001年生まれで，その言語発達の時期[9)]は主として1990年代半ばから2000年代である。それに対し，北京・台北・香港の横断調査の協力者は2004〜2013年生まれで，多くは2010年代のデジタル化の時代変化の中で言語を発達させてきた。このような時代の変化が，継承日本語をとりまくトランスナショナル空間の日本語資源の活用にどのような影響を与えたのかを分析の焦点とする。表10は，母親に対する日本語言語資源

9）中島（2010）によると，2〜8歳ごろまでに話し言葉が形成され，9〜10歳を境に抽象概念・抽象語彙を習得する言語形成期後半に入るとされる。

に関するアンケートの回答をまとめたものである。メディアの利用に関して，調査協力者の年齢が比較的低いため，読み聞かせと独立した読書を分けるのが適当でなく，TVやネット利用も大きな括りにまとめている。

表10で明らかなように，北京の縦断調査で抽出された日本語資源を提供するトランスナショナル空間は，北京・台北・香港の横断調査でも有効であるように見受けられる。それぞれの家庭の教育方針による教育機関の多様な選択があり，子どもの言語状況は非常に多様であるが，家庭での日本語使用や日本への一時帰国，日本語のメディア利用は，ほとんどの子どもにとって日本語でのインタラクションを実践するトランスナショナル空間となっている。日本語学習，家庭外での日本語活動及び体験入学を日本語でのインタラクションを実践するトランスナショナル空間とするか否かは，縦断調査の結果と同様，それぞれの家庭の事情や教育方針によって異なっている。

デジタル化の時代変化の影響が見られるのは，やはりメディアの利用であろう。先に注5で紹介した2016年の中国互連網絡信息中心の統計では，小学生のインターネット利用は非常に少ないことを示している。ところが2019年の北京調査では家庭の教育方針で保護者がネット利用を許可しない子どもが4名いるものの，残りの21名は日常的にインターネットを利用している。利用目的は主としてYouTubeでの動画視聴，ゲーム，宿題や調べものである。協力者

表10　北京・台北・香港の横断調査協力者の日本語資源状況

	家庭言語	学校教授言語	一時帰国（回）	メディア	日本語学習	日本語活動	体験入学
北京	中日 68% 日中 32%	中 68% 中英 24% 日 8%	1-2/年 96% 1/2年 4%	読み聞かせ / 本 96% TV 84% ネット 84%	68%	64%	52%
台北	中日 33% 日中 22% 日 26% 英日 19%	中 74% 中英 19% 日 7%	1-2/年 96% 3-4/年 4%	読み聞かせ / 本 100% TV 93% ネット 96%	78%	41%	63%
香港	広日 32% 日 10% 日英 35% 英日 23%	広 36% 広英 13% 英 32% 英中 16% 日 3%	1-2/年 87% 2-3/年 13%	読み聞かせ / 本 97% TV 100% ネット 100%	77%	65%	58%

全体のインターネット利用状況は，台北（96%）や香港（100%）の方が北京（84%）より利用率が高い。とりわけ香港では学校でのネット利用が進んでおり，宿題をするためにインターネットは不可欠なメディアとなっている。

しかしながら，ほとんどの家庭で活用されているトランスナショナル空間の日本語の言語資源，すなわち家庭内日本語使用，一時帰国とメディアを通した言語資源がどのような関係性を持っているのかについては，上記の言語資源データからは明らかにすることはできない。そこで，インタビュー調査の質的分析をもとに，これらの言語資源の関係を「仮想世界」と「現実世界」の視点から分析考察を行う。

4.3　北京縦断調査データの質的分析

4.3.1　仮想世界の言語資源

仮想世界の言語資源は，アニメやTV番組，漫画，雑誌，本，ネット上の動画や文字情報など多様であるが，インタビュー調査の結果，アニメ視聴が子どもの日本語資源として果たす役割が非常に大きいことが，多くの母親や子どもから報告された。子どもが小さい頃は，日本語の言語資源不足を補うために，絵本の読み聞かせとともにアニメが積極的に利用されている。とりわけ，子どもが日本の幼稚園に通い，就学前に中国へ移住した家庭では，母親が子どもの日本語力が落ちることに敏感であるため，なおさらである。

〔**事例1**〕母が僕の日本語を心配して，他の日本の子と遊ばせたり，日本語の子供会を作ったりしました。うちには日本のアニメのビデオや，絵本や漫画がたくさんありましたね。(6歳の時に移住)
〔**事例8・26・30の母**〕読み聞かせは，「ぐり(ママ)ぐら」やエルマーシリーズですね。でも，それよりビデオをよく観せました。「アンパンマン」とか「プーさん」，「ピカチュー(ママ)」なんか，日本に帰国した時に録画して。(事例8が5歳の時に移住)

小さい頃からアニメに慣れ親しんだ子どもが，その後もアニメを楽しむことは容易に推察できる。以下は，子どものために日本語のためにアニメや漫画を評価する母親の意見である。

〔事例12の母〕（当初アニメや漫画に抵抗感があったが）中国に来て3年ぐらい経った頃，子どもの日本語力が落ちたのに気づいたんですよ。「てにをは」がおかしくなって。それで，「アニメを解禁」，「漫画を解禁」しました。（事例12が6歳の時に移住）
〔事例34の母〕日本語については，やっぱり日本のアニメ。アニメ好きだから，自分ですごく積極的に観て。それ良くないことなんだけど，なんか観過ぎちゃうから。それで語彙とか表現とか言葉の使い分け，女性であったり男性であったり，そういうの，こっちで言葉の感じがないでしょ。おじいちゃんの言葉を聞くとかそういうことはないけど，アニメで「擬似体験」して，そういう日本語独特の表現の違いをなんとなく学び取っているかなっていうところはあるかな。（中略）アニメを観るだけじゃ嫌で，コミックが欲しいと言ったので，漫画を読んでいくことにして。

さらに，このようなメディアを通して日本語や日本文化に触れることは，多様な日本語を身につけ言語社会化を促すばかりでなく，家庭内での日本語使用を増やすことが明らかになった。以下は，インタビューで母親が語った意識的なメディア活用である。事例21は，初回調査時，母親に対して日本語を使わない傾向が見られたが，2015年9月の母親との面接では，日本のアニメに興味を持ち始め，母親に対する言葉に日本語が増え，子どもの方から日本語の読み書きを教えてほしいと母親に頼んできたことが報告された。

〔事例13と18の母〕（以前は母親に中国語で話すことが多かった子どもが）日本語で話すようになったのは，「優酷（中国の動画サイト）」様様ですよ。3人でバラエティとかアニメを観て，いろいろ言うんですよね。
〔事例14と21の母〕（平日父親不在であるため）ご飯の時，子ども2人とパソコンで何かを観るんですよ。それが大体バラエティ番組とかクイズ番組だったりする。そしたら難しいですよ。何かちょっとこっちにいたら使わないような日本語があるじゃないですか。でも知ってる，意外に。「お，知ってんだ」「馬鹿にしないでよ」みたいな。

ネットで観る日本語のアニメには，吹き替えせず中国語の字幕がついていることが多く，音声は日本語で，意味は中国語で確認できるようなトランスナショナルな空間を形成している。また，日本のテレビ放送のバラエティ番組やニュース番組ではテロップが多く挿入されており，音声と文字の両方の言語資源を提供している。

事例16の母親は，仕事の関係で子どもが中学に進学してから別居し，週1回会う程度であるため，子どもは母親に中国語で話すことが多かったというが，初回調査時，高校進学が決まった子どもとの面談は，特別な語彙を除いてほぼ日本語で行うことができた。

〔**事例16**〕僕,「コナン」が好きでネットでよく観ます。(中略) 日本の大学に興味があって,「環境」を勉強したいなって。ネットで調べています。
〔**事例25の母**〕私，家は全部日本式にしてるんですよ。家ではずっと日本のテレビを流しているんですね。でも娘は日本のテレビにあまり興味がなくて。でも，たまに観る時，バラエティ番組に出て来る文字を読んでるふうなんですね。(平仮名とカタカナ以外) 日本語を教えてないから，読めてるかどうか怪しいんですけど。

勿論，子どもの側では，こうしたメディア活用を「日本語のため」とは捉えていない。メディアのトランスナショナル空間で自然な日本語のインタラクションが起こっている様子が，以下の例から見られる。

〔**事例11**〕家で日本のバラエティを観ることが多くて，お笑いが好きで。おかあさんがテレビ観て，変なツッコミやるのが面白い。(お笑い芸人に対して)「ツッコミ足らへんで」みたいな。
〔**事例4**〕小学生の頃「星のカービィ」とか「ドラえもん」が好きで，面白いところを何度も何度も繰り返し読みました。繰り返し読むと，そのたびに面白く楽しめるから。何度も読んでると，台詞をすっかり暗記しちゃって。母や姉の前でその場面を再現するんです。そうすると，また面白い。

4.3.2　現実世界の言語資源

言語資源についての調査の結果，メディアを通した仮想世界の言語資源と同程度に重視されているのは，日本への一時帰国である。中国と日本という地理的近さと近年の運輸コストの低減により，大半の家庭で子どもの学校の休みを利用して1年に1～2回の一時帰国をしている。帰国期間は長い家庭で夏1か月半，冬1か月，母親の仕事が忙しい家庭でも最低1週間は帰国している。

それでは，日本への一時帰国は子どもにとってどのような意味づけがなされているのであろうか。インタビュー調査の結果，祖父母をはじめとする親戚や友人との関係づくりをする以外に，仮想世界で知っている日本を現実に体験することが語られた。体験入学で日本の学校生活を体験する，給食やお弁当を学校で食べる，電車やバスに乗る，ファミレスで食事をする，スーパーやコンビニで買い物をする，炬燵に入る，温泉に入る，イベントに参加する等，一つ一つが新鮮な現実世界での体験となっているようである。

さらに，一時帰国が頻繁になされる過程で，仮想世界の日本を現実化するという意味づけは次第に低下していくどころか，日本での「実体験」への希望は仮想世界の「仮想体験」を通して増幅されていくようである。以下は子ども自身が語った日本に対する関心である。

〔**事例3**〕日本の大学に入ったら応援団に入団するって，ずっと決めてた。最初は漫画で応援団に興味が湧いて，その後読んだ文庫本で応援団って面白いなって思った。
〔**事例7**〕1年に2度日本に行くけど，「生活」はしたことがないので，日本で生活してみたいという思いが強いんですよね。(2014年9月，その後母親との面接で，大学卒業後，日本での就職が内定したことが報告された)
〔**事例10**〕中国の生活に慣れてるから，大学も生活も中国だと思う。でも，アニメが好きだから，日本の大学も……。(2013年9月，その後の母親との面接で，日本の大学に進学し，アニソンダンスの活動を始めたことが報告された)

一方で，一時帰国は日本のモノを中国での日常に持ち込む絶好の機会でもある。一時滞在の間に購入するものは日本の食材，服，玩具・文房具，漫画・本・

ゲームソフトなどが多いことが明らかになっている。日常の現実世界のためのモノと，そして仮想世界のための漫画や本，ゲームソフトを購入し持ち帰るのである。このような日本への一時帰国が日常の仮想世界を広げていく様子が，以下の事例から窺える。

〔**事例1と9の母**〕日本に帰ったら，ゲームでもDVDでも漫画でも本でも，子どもが興味を持ちそうなものを買って，中国に持ち帰りましたね。
〔**事例7**〕中学生の時，日本のあるアニメが好きになって，中国語に翻訳されたアニメの原作を読んだんだけど，物足りないなって。日本語の原作を日本で買って，分からない言葉は母に聞きながら，苦労して読んだのが最初の1冊。2冊目は東野圭吾。それから東野圭吾にはまって随分読みました。日本で買うのは本と洋服です。
〔**事例8・26・30の母**〕子どもが小さい頃，日本に着いたらまずすること，「テレビガイド」を買うこと。子ども番組をチェックして録画するのよ。今はこっちでネット配信のテレビを観られるけどね。
〔**事例10**〕アニメと漫画が好き。日本に帰ったら，チェックしておいた漫画を全部買って帰るんです。

現地校在籍でありながら日本語が第一優勢言語となった事例3と4のケースは，この循環が活発になされたものであることが，以下の母親の語りから示唆される。

〔**事例3と4の母**〕私自身がアニメ，漫画，本が好きで，子どもと一緒によくアニメを観ます。漫画も本も日本で大人買いしてくるので，家は本棚だらけですよ。子どもが読む漫画や本はほとんど私も読んで，ああだこうだと話すんですよね。面白いですよ，共通の話題があって。そのうち，子どもの方が面白い本をネットで見つけてきて，「これ，面白いよ」って私に薦めるようになって。

以上のように，メディアを通した日本語接触と一時帰国，メディアを通した日本語接触と家庭での日本語使用，一時帰国と家庭内の日本のモノなど，トランスナショナル空間の間の相互作用が仮想世界と現実世界の言語資源をつないでいることが示された。

4.4　北京・台北・香港横断調査データの質的分析

北京の縦断調査で明らかになったトランスナショナル空間における仮想世界と現実世界の言語資源の有機的なつながりは，デジタル化時代に育つ北京・台北・香港の子どもたちにも同様に見られる現象なのであろうか。本節では，母親に実施したアンケート調査の回答をもとに，質的分析を行う。以下は，「日本語習得のために家庭内外でしていること」について聞いた自由記述の回答を，表11に地域別に紹介する。「　」内が一つの回答であり，重複するものは省いた。

何を「子どもの日本語習得のために」やっているかは，回答者の意識の違いがあるため回答されたものが現実をそのまま反映しているとは限らない。例えば，北京では家庭内で日本語を使い，日本語の本の読み聞かせをし，年に1～2度一時帰国するにもかかわらず，「特になし」という回答が3つあった。また，回答の項目が1つだけのものもあれば，いくつかの項目の組み合わせもあり，多くの母親が意識的に複数のトランスナショナル空間の日本語資源を活用していることが分かる。

また，3都市の地域的な違いも，アンケートの回答から垣間見える。台北の「日本語授業校」と香港の「補習校」は週末午前中に日本語で授業を行う教育機関で，子どもが日本語を学習し，同じ年ごろの子どもと日本語を使う実践のトランスナショナル空間であると捉えている。北京でも「日本語の子ども会」が月1回程度で開催され，規模が小さく頻度も少ないが，日本語学習と実践のトランスナショナル空間であると認識されている。また，台北や香港に見られる公文や学研の塾，作文教室などでの日本語学習，香港の日本人サッカーチームやプレイグループの日本語活動など，家庭外のトランスナショナル空間が北京に比べ豊富であるように見受けられる。しかしながら，このような違いが子どもの日本語の継承にどのように影響するのかについては，単純に項目を比較して結論が出るものではない。先の縦断調査で明らかになったように，活用できるトランスナショナル空間をどのように組み合わせ資源を増幅させるかが重要

表11 「日本語習得のために家庭内外でしていること」に対する母親の回答

	日本語習得のために家庭内外でしていること
北京	「日記」「国語・算数のドリル」「一時帰国，日本で公文に通わせる，体験入学」「日本語での話しかけ」 「家庭で私は日本語，TVも日本語」「日本語で話しかける，通信教育」「ドリル，塾」 「日本語でたくさん喋る，日本からドリルをもってきてそれをやる，日本語の本をたくさん読ませる，日本語の子ども会へ参加」「興味ありそうな本を揃える，通信教育」 「日本で買った漢字ドリル，チャレンジタッチ，日本語の子ども会」「日本語の子ども会」 「一時帰国と体験入学，ひらがなポスター，日本語のTV」 「日本語のDVDや本，漫画は制限なし，通信教育」「スカイプで日本の親戚と交流，日本のゲームとアニメ」
台北	「一時帰国，日本語ドリル，日本語の絵本・本の読み聞かせ」「通信教育」 「家庭内の日本語，一時帰国と体験入学」「母とは日本語」「日本語授業校」 「漢字ドリル，日本語教科書の音読」「毎晩30分の読書タイム，ドリル」 「日本語の本，ポスター，子ども向け新聞を目の届くところに置いて，自然に手に取れるようにしている」「家庭で日本語を使う，通信教育」「日本語授業，日本のTV」 「日本語授業校，日本語のお友達と遊ぶ」「公文，作文の補習」「日本語のTV」 「日本語で話すよう意識，日本の祖父母と交流，作文教室」「日本語授業校，本を読む」
香港	「学研に通わせる」「通信教育，日本人サッカーチームに参加」「通信教育」 「同じ年のお友達を集めて朗読・書き取り・読み聞かせ等」「こどもクラブ，通信教育」「補習校，通信教育」「補習校，こどもクラブ，通信教育」「日本語能力検定受験」 「公文，日本語コミュニティへの参加，一時帰国」「毎晩本の読み聞かせ，TV」 「補習校とその宿題，漢字書き取り，アプリで漢字練習，国語教科書の音読」 「日本語の絵本の読み聞かせ，補習校の宿題」「補習校，体験入学」「公文」 「家の中では全部日本語で生活，TVも現地のは見ていない」 「母は日本語を話す，補習校のテキストをやる」「日本語のプレイグループへの参加」 「補習校，通信教育，読み聞かせ，帰国時の体験入学，年2回の帰省」 「家庭では日本語，日本のTV，補習校，通信教育」「日本語で話す，日本語の本・漫画」

であるからである。

さらに，本調査で仮想世界と現実世界をつなぐ大きな役割を果たしていると示唆されるのが，絵本や本の読み聞かせである。ほとんどの母親が子どもが小さい頃，さらに一部の母親は子どもが大きくなった現在でも読み聞かせをし，母親という現実世界の日本語話者を通じて仮想世界を子どもと共有している。仮想世界と現実世界の言語資源がつながる原点と言える。

5. 考察

多くの先行研究で，子どもが小学校中高学年になると週末の日本語学校に通うのを嫌がるようになることが報告されている（渋谷2013；服部2015）。それはちょうど，中島（2010）によると，自立心が旺盛になり自我に目覚める言語形成期後半に入る頃である。学校の勉強や習い事で忙しくなると同時に，子どもの生活空間や興味関心が広がっていく時期である。このような子どもの変化に対し，仮想世界の言語資源が果たす役割は非常に大きいと思われる。

2000年代インターネット普及が始まり，2010年代のスマホ普及によりインターネットの活用が飛躍的に拡大し，ユーザーに日常的な仮想空間を提供している[10)]。中国互連網絡信息中心（CINIC）（2016）によると，「青少年の日常生活においてネット文化娯楽の果たす役割はますます重要になり，中でも架空世界観の小説，漫画，アニメ，ゲームを主とする『二次元』ネット文化」（CINIC 2016：33）が急速に浸透していると指摘している。このうち漫画とアニメは日本のものが絶対的地位を占めており，中国の青少年の間ではアニメ，中でも特にコメディや熱血ものが好まれ，その理由として内容がとっつきやすいこと，勉強のプレッシャーからの解放感を味わえるからであると分析している。

これまでの先行研究では，アニメや漫画が言語資源として取り上げられることは比較的少なく，取り上げられても付随的な扱いであった。その理由として，日本文化，とりわけアニメやゲーム，漫画への関心が高い中国をはじめとするアジアに比べ，先行研究が多い欧米では比較的関心が低いからではないかと考えられる。鈴木（2008）は，ヨーロッパ地域とアジア地域の日系国際結婚家庭の子どもの比較分析をした結果，ヨーロッパ地域では日本に興味が向いている子どもが1/3であるのに対し，アジア地域ではその数が過半数に上ることが明らかになり，子どもの興味が日本に向いている場合の具体例としてゲーム，アニメ，マンガがあげられていると報告している。

10）国際統計サイトの「GLOBAL NOTE」によれば，2023年時点でインターネットの普及率は香港95.61%，台北93.14%，中国77.48%（参考：日本84.92%）である。https://www.globalnote.jp/post-1437.html（2024年10月21日閲覧）

しかしながら，継承日本語教育の先行研究では，このような日本のサブカルチャーへの関心は比較的低いと見られる。わずかであるが，漫画や雑誌が良質のインプットになった事例（佐々木 2003：32）や，母親が子どもの日本語インプットを増やすためのモノの一つとしてのマンガ利用（Kondo 1998：392）への言及が見られる。事例 12 や事例 34 の母親が当初心配したように，テレビや漫画，ゲームが勉強を妨げるものとして認識される傾向があるからであろうか。一方，日本語の言語資源が限られる海外の外国語としての日本語教育分野では，有力な言語資源として日本のサブカルチャーが注目されている。学習者が大きな関心を寄せるものであれば，その効果は非常に大きなものと期待されることは，外国語でも継承語でも同様であろう。

一方で，仮想世界での言語経験は受動的であり，子どもの主体的参加は行われないという指摘もあろう。豊富な言語資源を持ちつつも，実体験を伴わない仮想世界の資源を有効に活かすためには現実世界との結びつきが必要であると思われる。

現実世界の言語資源では，日本語母語話者である親がインタラクションの相手として，言語や文化の伝授者として，大きな役割を果たす。移民研究で従来家庭とともに大きな役割を担ってきたエスニックコミュニティについて，Vertovec（2007）は，近年 10 年の移民によるロンドンの多様化の下，エスニシティを基本とした旧来のコミュニティは移民のニーズを満たすことができなくなっていると指摘する。移民を取りまく状況は各地で異なるだろうが，Douglas 他（2013）もまた，ロサンジェルス大都市圏に住む 20 歳前後の継承日本語話者を対象とした調査で，近年の人口動態とライフスタイルの変化により，ロサンジェルス大都市圏では従来コミュニティが継承語保持に果たした役割は大幅に低下していることを指摘し，それに代わり一時帰国とインターネットを代表とするテクノロジー媒介の活動が，継承語保持や学習動機付けを促すものとして，新たに注目している。

従来，コミュニティが日常的な日本語のインタラクション実践の場とされてきたのに対し，本章の中学生以上の調査協力者の事例では，家庭での会話と仮想世界が日常の日本語インタラクションの中心となっている。先行研究で重視されるコミュニティの日常現実世界としての意味が，年齢が上の子どもにとっては，仮想世界と一時帰国に代替されていると見ることができよう。

さらに，調査を通して明らかになったのは，仮想世界と現実世界の言語資源を通して，子どもの世界を広げていく循環である。仮想世界での体験が家庭内での日本語使用を増やし，家庭の日本語日本文化空間を広げていく。また仮想世界での体験が，一方で日本という現実世界への関心を呼び，他方で文字の世界へ誘い仮想世界をさらに拡大する。そして現実世界での体験が仮想世界での体験を，実感をともなった，より豊かなものにするのである。図2は，仮想世界と現実世界の言語資源の循環とトランスナショナルな実践を示したものである。

中島（2010）の言う言語形成期後半の子どもが，このような言語資源の循環を可能にするためには，おそらく言語形成期前半の会話を中心とした言語の基礎づくりが必要であると目される。読みの基礎があることも大きな役割を果たすことであろう。そうした言語形成期前半の日本語の基礎づくりには，一定の日本語学習や家庭外での日本語活動が必要である。教育機関の選択を含め，こうしたトランスナショナル空間を，子どもの関心や家庭の教育方針のもとに組み合わせて，日本語資源が循環するトランスナショナル空間を構築していくことが，子どもの日本語継承を促進させると考える。そして，子どもの成長とともにトランスナショナル空間も再構築されていくのである。

以下は，香港のある日本人母親が子どもに対するこれまでの日本語継承を振りかえり，アンケートで語ったものである。

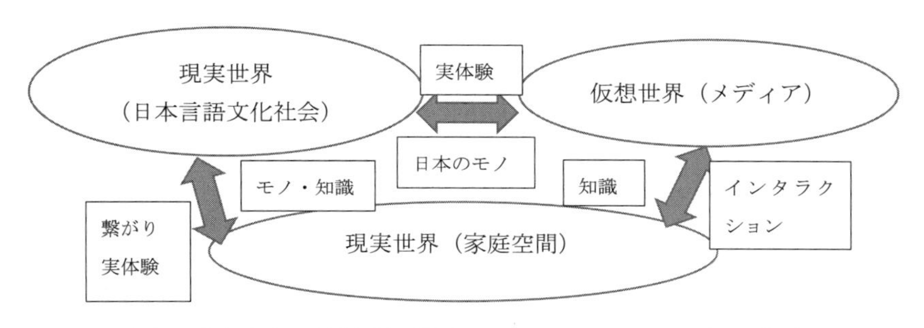

図2　仮想・現実世界の言語資源の循環とトランスナショナルな実践（筆者作成）

(子どもの日本語学習のために家庭内外でしていることは) 特になし。私がほかの言語とまぜず日本語でしゃべっています。小さいころは心配して日本語のテレビやこどもチャレンジ(ママ)[11], 意識して絵本を読んだり日本語の環境を与えたりしていましたが, 普段私が子どもの面倒をみているからか, 読み書きを外で習わせている以外は, 日本語習得のために意識して何かをするということはなくなりました。

この母親の言葉には少し解説が必要である。子どもは9歳の男児で, 広東語と日本語のバイリンガルである。家庭内の会話言語は夫婦間は英語, 父子間は広東語, 母子間は日本語, 6歳の弟とは広東語と日本語という多言語家庭である。中島 (2017) は, 継承語・継承語教育の特異性の一つとして, 継承語がマイノリティ言語であることを取り上げている。「マジョリティ言語である現地語との軋轢で継承語が伸び悩み, 親子のコミュニケーションのツールである継承語が幼児期から小学校1, 2年生の修学初期に失われることが多い。特に国際結婚児の家庭言語は複雑で, 両親の母語が異なる場合は継承語が2つになり, もしその1つが現地語なら, 家の中で継承語と現地語のせめぎ合いが起こることになる」(中島 2017：5)。子どもが小さい頃の母親の心配は, まさに国際結婚家庭で起こる両親の言語のせめぎ合いであったのであろう。それが一段落した現在, それほど意識しなくても子どもの日本語習得に問題はないと確信したのではないかと推察する。

本章のトランスナショナル空間の視点から, 彼女が当初構築したトランスナショナル空間はすなわち, 母親が子どもに対して日本語のみ話す「家庭言語」, 年1～2回2週間ずつの「一時帰国」, 小学校に入学するまでの読み聞かせとTVで観る日本語のアニメや子ども番組といった「メディアを通した日本語接触」, 通信教育の「日本語学習」, 週1回通う「日本語学習」, 同じ学校に通う日本語を話す友達との「家庭外で日本語を使う活動」から成る。これらの日本語資源の空間がどのように相互作用したのかは, アンケートや対面時の会話から推察するしかないが, すべての空間に日本語を話す母親が関わっているのならば,

11) こどもちゃれんじは, ベネッセコーポレーションの幼児向け通信教育講座である。

それぞれの空間の日本語資源は有機的につながっていることになる。

それが現在，読み聞かせやTV視聴がなくなり，代わってYouTubeを観るようになったという。9歳と言えば，中島（2010）の言う言語形成期後半に入る年頃である。親が構築したトランスナショナル空間を少しずつ離れ，YouTubeのように自分で日本語資源のトランスナショナル空間を構築し始めるのだろう。今日インターネットの仮想世界は既に日常の一部となり，自分の好きな時に好きなコンテンツを楽しみ，興味関心のある世界を広げていくことができる。このようなネット時代に育つ継承語学習者にとって，日常的な仮想世界での言語資源はますます存在感を増していくと考えられる。

そして本調査の結果から，調査協力者の多くの母親に，インターネットに代表される仮想世界の言語資源を子どもと共有し，母子間の日本語使用に取り込もうとする努力が見られた。また定期的な一時帰国は母子の共通体験を通して，母子間の日本語使用を増やす。継承語を「親と子をつなぐ」（近藤 2019：1）言語と位置づける観点からも，多様なトランスナショナル空間の言語資源を「家庭言語」空間と循環させる工夫が必要である。このような言語資源の循環のためには，仮想世界—家庭空間—日本現実社会のネットワークをうまくつないでトランスナショナルな環境を整えることが肝要である。

おわりに

本章では，中華圏で日本語を継承する言語形成期の子どもたちが日本語を習得する過程において，非日本語環境で日本語の言語資源を提供するトランスナショナル空間を活用し，仮想世界と現実世界を行き来することで，どのようにそれぞれの言語資源を有効に活用し日本語の言語空間を広げていくかを明らかにした。とりわけ言語形成期後半の子どもたちの継承語教育の可能性は，インターネットにより更に広がる仮想世界と現実世界をつなぐことで大きく変わるのではないかと考える。つまり，仮想世界と現実世界をつなぐネットワークを通して，子どもの興味や関心を基盤にした言語資源が循環するシステムを構築することで，子どもの自立学習が促進されることが考えられる。このようなトランスナショナル空間のネットワーク化は，継承語か外国語か第二言語か，年少者か成人かというカテゴリーを越えて，グローバル化により多様化する学習者の関心やニーズに対応するための教材や教授法としても，大きな可能性を秘めている。

本章は，筆者の博士論文「漢字圏における継承日本語教育に関する研究――年少者の漢字習得の観点から――」（2018）の一部に加筆修正したものである。また，本章はJSPS科研費16J06052及び19K13238の助成を受けた研究をもとにしている。

参考文献

英語文献

Douglas, M. O., Kataoka, H. C., & Chinen, K. (2013). The development of Japanese as a heritage language in the Los Angeles conurbation. *Heritage Language Journal,10*(2), 336-356.

Ek, L. D. (2009). "Allá en Guatemala": Transnationalism, language, and identity of a Pentecostal Guatemalan-American young woman. *The High School Journal, 92*(4), 67-81.

Hornberger, N. H. (2007). Biliteracy, transnationalism, multimodality, and identity: Trajectories across time and space. *Linguistics and Education, 8*(3-4), 325-334.

Kondo, K. (1998). Social-psychological factors affecting language maintenance: Interviews with Shin Nisei university students in Hawaii. *Linguistics and Education, 9*(4), 369-408.

Lam, W. S. E. & Warriner, D. S. (2012). Transnationalism and literacy: Investigating the mobility of people, languages, texts, and practices in contexts of migration. *Reading Research Quarterly, 47*(2), 191-215.

Oriyama, K. (2012). What role can community contact play in heritage language literacy development? Japanese-English bilingual children in Sydney. *Journal of Multilingual and Multicultural Development, 33*(2), 167-186.

Sánchez, P. (2007). Urban immigrant students: How transnationalism shapes their world learning. *The Urban Review, 39*(5), 489-517.

Sánchez, P., & Machado-Casas, M. (2009). At the intersection of transnationalism, Latina/o immigrants, and education. *The High School Journal, 92*(4), 3-15.

Schiller, N. G., Basch, L. & Blanc-Szanton, C. (1992). Transnationalism: A new analytic framework for understanding migration. *Annals of the New York Academy of Sciences, 645*(1), 1-24.

Shibata, S. (2000). Opening a Japanese Saturday school in a small town in the United States; Community collaboration to teach Japanese as a heritage language, *Bilingual Research Journal, 24*, 465-474.

Siegel, S. Y. (2004). A case study of one Japanese heritage language program in Arizona, *Bilingual Research Journal, 28*, 123-134.

Vertovec, S. (2007). Super-diversity and its implications. *Ethnic and Racial Studies, 30*(6), 1024-1054.

Vertovec, S. (2009). Transnationalism. New York: Routledge.

Zuengler, J. & Miller, E. R. (2006). Cognitive and sociocultural perspectives: Two parallel SLA worlds? *TESOL QUARTERLY, 40*(1), 35-58

中国語文献

中国互連網絡信息中心（CINIC）(2016)『2015 年中国青少年上網行為研究報告』Retrieved from http://www.cnnic.net.cn/hlwfzyj/hlwxzbg/qsnbg/201608/t20160812_54425.htm（2017 年 5 月 1 日閲覧）

日本語文献

近藤ブラウン妃美（2019）「親と子をつなぐ継承語教育」近藤ブラウン妃美・坂本光代・西川朋美（編）『親と子をつなぐ継承語教育――日本・外国にルーツを持つ子ども』(pp. 1-12) くろしお出版.

佐々木倫子 (2003)「加算的バイリンガル教育にむけて――継承日本語教育を中心に――」『桜美林シナジー』1, 23-38.

渋谷真樹（2011）「在瑞日系国際結婚家庭の社会的背景と教育戦略――日本語教育機関に通わせる保護者へのアンケート調査に基づいて――」『教育実践総合センター紀要』20, 111-119.

渋谷真樹（2013）「スイスにおける補習校と継承語学校との比較考察――日系国際結婚家庭の日本語教育に注目して――」『国際教育評論』10, 1-18.

鈴木一代（2008）「複数文化環境と文化・言語の継承――日系国際児の親の視点から」『埼玉学園大学紀要（人間学部篇）』8, 75-89.

関口知子（2008）「越境家族の子どもたち：新移住者第二世代の言語とアイデンティティ」『南山短期大学紀要』36, 75-101.

ダグラス昌子・片岡裕子・岸本俊子（2003）「継承語校と日本語補習校における学習者の言語背景調査」『国際教育評論』1, 1-13.

中島和子（1998）『バイリンガル教育の方法―― 12 歳までに親と教師ができること』アルク.

中島和子（2010）『マルチリンガル教育への招待――言語資源としての外国人・日本人年少者』ひつじ書房.

中島和子 (2017)「継承語ベースのマルチリテラシー教育：米国・カナダ・EU の歩みと日本の現状」『母語・継承語・バイリンガル教育（MHB）研究』13, 1-32.

服部美貴（2015）『台湾に生まれ育つ台日国際児のバイリンガリズム』臺大出版中心.

第7章

シンハラ語継承語教育と道徳教育を基盤とした国際人材育成教室

――保護者と子どもへのインタビューから見えてくること――

S. M. D. T. ランブクピティヤ

はじめに

福岡県にあるスリランカ系上座部仏教[1]寺院[2]を拠点に，2019年7月19日から，スリランカにルーツを持つ子どもたち[3]のためのダハン学校（Daham Pasala）[4]（以下，本教室）が開校した。しかし，Covid19感染症拡大の影響により，教室の活動はオンライン形式で行われるようになった。2021年には，対面で本教室に参加できない地域の，スリランカにルーツを持つ子どもたちも参加できるように，Japan-Sri Lanka Children's Association（日本スリランカ子ども会[5]）という組織も設立された。2023年7月2日からは，寺院の僧侶が指導者，

1）仏教の分類の一つで，スリランカの主要な宗教である。

2）この寺院は，九州ランカ・マハー・ヴィハーラヤと言う。

3）スリランカにルーツを持つ子どもたちと呼んでいるのは，国籍上日本人となっていても片方の保護者がスリランカ人である可能性もあり，そのような子どもも本教室の対象としているからである。ただし，現時点ではこの教室に通う全ての子どもが国籍上スリランカ人である。

4）シンハラ語で，ダハン（Daham）はそれぞれの宗教による教え，Pasalaは学校を意味する。スリランカにおけるこれらの学校は，寺や教会を中心に，それぞれの宗教とそれに基づいた道徳教育を提供している。仏教徒の場合，寺を中心とし，1年生（小学校）～13年生（高等学校）までの児童生徒が通っている。この学校はスリランカの義務教育に含まれていないが，宗教を大事にし，道徳教育の重要性を感じる多くの保護者はこれらの学校にも子どもを通わせている。仏教省（スリランカの内閣には，仏教を担当する大臣がいる）の管轄になっている。これらの学校は，国の一般的な教育制度と同じく，教科書も無償で配布され，年末に進級試験も行われている。

5）これは，本教室に当日参加した子どもたちが教室内活動として最後に対面で行う子ども会（後述）の活動とは異なり，日本全国を対象とした組織である。

以前から子どもたちを指導してきた保護者が校長を務める体制で，本教室が再開された。

以下，その内容を2節に分けて説明する。1節は，本教室の概要である。具体的には，先述の日本スリランカ子ども会と本教室で行われている仏教をベースにした道徳教育及びシンハラ語の継承語[6)]教育を含む他の活動について述べる。つまり，1節は本教室の活動報告である。2節では，本教室に通う子どもと彼らの保護者を中心に行ったインタビュー調査を取り上げ，その調査報告を行うとともに考察を行う。

1．本教室の概要

1.1　本教室の目的と構成

2023年の体制変更以降，本教室は毎月第1日曜日，午後2時から5時までの開催となった。本教室の目的としては，主に以下の4つが挙げられる。その1つは，上座部仏教の寺を中心としていることからも明らかなように，仏教を基盤とした道徳教育を提供することである。日本社会では引きこもりや孤立感，孤独死，いじめ，不登校，自殺などの様々な社会問題が深刻化している。その背景には，人々が問題に直面した際に心の支えを見出しにくい状況があると考えられる。仏教は人々が問題や課題に直面した際に心に安心をもたらすと同時に，思いやり，共感力，同情力，協働力，共生力等を培う手助けとなる。本教室に通う子どもたちにとっても心の平穏さと豊かさを育むことが重要だと考え，本教室では仏教を通じて心の安定を図ることで，道徳教育の基盤を育むことを目指している。

本教室における2つ目の目的は，シンハラ語の教育を提供することである。参加者の多くは，生まれも育ちも日本，または幼少期に来日した子どもである。保育園・幼稚園や学校に通いはじめると，シンハラ語よりも日本語に触れる時

6）ここでは，子どもが親から受け継がれた言語のことを継承語と言う。親と海外に移住したため，家庭内で自然に接触することがあっても，学校や社会で使用される言語により圧倒され，不完全な状態であることが多い。また，継承語の場合，理解はできても流暢に使用できないこともよく見られる。

間や機会が多くなり，彼らにとってシンハラ語は親の言語に過ぎないことが多い。しかし，親やスリランカにいる親戚とコミュニケーションを取る際に，シンハラ語は必要不可欠である。また，将来的に自分のルーツやアイデンティティを考える際にも，彼らにとって，シンハラ語が重要な要素となる可能性が高いと考えられる。これらのことから，本教室では，子どもたちの継承語であるシンハラ語の教育を提供することを目的としている。

母国や母文化を愛さない人は他国や他の文化も大切にしない可能性が考えられる。他方では，自己アイデンティティを形成していく過程において，親の文化は大きく影響を与えると考えられる。この2つの考え方に基づき，本教室における3つ目の目的は，子どもたちにスリランカの文化に触れる機会を提供することである。さらに，今後も日本及び日本社会に生きる可能性の高いスリランカにルーツを持つ子どもたちにとっては，互いに支え合えるコミュニティが必要だと考えられる。このコミュニティ形成が本教室における4つ目の目的である。

これらの目的に基づき，2023年7月から，0～5歳（8名），6～10歳（7名），11歳以上（5名）という3つのクラスを設けた（図1～3）。2024年6月現在，対面で本教室に参加する子どもの総数は20名である。子どもたちを指導しているのは，保護者であるスリランカ出身の4名で，彼らは日本の国立大学で博士号を取得している。

図1　0～5歳のクラス

図2　6～10歳のクラス

図3　11歳以上のクラス

筆者自身も本教室に子ども2人を通わせながら教室の運営に関与し，さらに6～10歳のクラスを担当している。なお，本教室においては，子どもを連れて来る保護者全員が様々な形で教室へのサポートを行っている。

1.2　本教室におけるスケジュール及び活動

本教室における現在の時間割と活動は表1のとおりである。本教室は，子どもたちと保護者による寺とその庭の清掃及び花，線香，飲み物等の仏陀への供え物の準備から始まる。これらの準備等を終え，2時半から仏陀へ供え物を行い，その後は，僧侶による説教が行われる。これらの活動には，保護者と子どもたちが一緒に参加する。

次に，子どもたちがそれぞれのクラスに分かれ，仏教及び道徳教育と継承語教育を受ける。年長クラス2つにおける仏教及び道徳教育には，スリランカのダハン学校で使用されている教科書を使っている。2つの年長クラスにおける継承語教育では，シンハラ語の文字を認識できる程度の文字教育を提供することを決定していたが，6～10歳のクラスでは，文字を書きながら練習したいという子どもたちの要求に応え，書くことにも多少の力を入れている。年少クラスではシンハラ語での会話を中心としている。

これらの活動の後，再び教室全体での活動となり，僧侶の指導でジャータカ・カターという仏教の伝統に基づく物語を中心に道徳教育と瞑想の訓練が行われる。子どもたちの集中力を保たせるように，これら全ての活動を15分ずつとしている。

本教室の最後の活動は子どもたち全員が参加し，子どもたちで運営・開催を行う子ども会である。現在，高校3年と中学3年の子ども2人が司会と記録係を行い，他の子どもたちは，歌，詩，スピーチ等の出し物で会を盛り上げてい

表1　本教室における1日のスケジュール，活動内容及び活動の責任者

時間（午後）	活動内容	活動の責任者	活動の形
2:00 ～ 2:30	清掃活動，仏陀への供物の準備	全員の保護者と子どもたち	全体
2:30 ～ 2:45	仏陀への供物と説教	僧侶	全体
2:45 ～ 3:00	仏教及び道徳教育	各クラスの担当者	各クラス
3:00 ～ 3:15	休憩		
3:15 ～ 3:30	継承語（シンハラ語）教育	各クラスの担当者	各クラス
3:30 ～ 3:45	道徳教育と瞑想	僧侶	全体
3:45 ～ 4:10	子ども会	子どもたち（保護者は支援）	全体
4:10 ～	片付け，解散	全員の保護者と子どもたち	全体

る。これらの出し物には日本語の歌等も含まれており，子どもたちの自立性や積極的な参加を考慮し，出し物の制限はしていない。他の活動と違って使用時間も25分程度で多めにとっている。また，これら全ての活動はシンハラ語で行っているが，子どもたちのよりよい理解を促す場面では適宜日本語を交えている。

1.3　本教室におけるこれまでの活動

上述した定例の活動以外に，本教室では，様々な場におけるシンハラ語の歌の披露，オンライン学習会，スリランカの祭りを祝うためのイベント等を開催している。以下では，それらについて説明する。

2021年の5月に日本にあるスリランカ大使館から，スリランカで例年行われるポソン祭り[7)]に合わせてオンラインイベントを開催するため，歌の出し物を事前に録画して送るように本教室宛に依頼があった。オンライン活動であるため，本教室の指導者は他県のスリランカにルーツを持つ子どもたちにも参加を促し，対象者を拡大した。その結果，九州以外の地域からも子どもたちが参加し，オンラインで歌の練習を行った。6月20日に対面で歌の録画・録音を行った（図4）が，当日参加できない子どもについては，歌う様子の録画ファイルを送ってもらい，全てのファイルが1つの動画となるように編集し，大使館に提出した。同年の6月26日にスリランカ大使館は，本教室を含む日本全国のスリランカダハン学校から集めた作品（歌）を，日本とスリランカに向けてZoom経由で配信した。

また，2021年の11月18日から，Zoom上で子どもたちを対象にクリスマス・キャロルの練習を行い，同年の12月18日に宗像市グローバルアリーナで開催された「キャンドルガーデンクリスマスinグローバルアリーナ」で披露した（図5）。さらに，子どもたちがクリスマス関連の自己作品を発表するような動画を作成し，日本にあるスリランカ大使館に依頼して，2021年12月25日に，大使館のFacebookページで大使館のイベントとして発信してもらった。

7）紀元3世紀の頃，スリランカにインドから仏教が伝わってきた日を記念して行う祭りで，毎年6月の満月の日に行われる。

図4　2021年6月20日，対面での歌の録画の様子

図5　「キャンドルガーデンクリスマス in グローバルアリーナ」で子どもたちがクリスマス・キャロルを披露している様子

また，2022年のスリランカの独立記念日（図6）やお正月に合わせてオンライン学習会を開き，日本とスリランカの国歌，お正月とその習慣及び伝統的な遊びや歌・詩等についての学習を行った。これらの学習会でスリランカの伝統的な詩について学んだため，子どもたちがお正月の「ラバン・パダ」[8]を詠んでいるプログラムも作成し，Facebookでそれについての宣伝を行い（図7），スリランカのお正月に合わせて2022年4月15日にYouTubeで配信した。加えて，スリランカのお正月を祝うイベントも準備し，2022年5月1日に宗像市グローバルアリーナで開催した。イベントはスリランカの伝統的な儀礼から始め，子どもたちが，伝統的な遊びや正月の伝統的なお菓子や料理を体験でき，さらに，

図6　2022年2月4日，スリランカの独立記念日についてのオンライン学習会の様子

図7　「ラバン・パダ」プログラムの宣伝ポスター

8）「ラバーナ」という大きな太鼓のような楽器を叩きながら，その周りで「ラバン・パダ」（Raban Pada）という伝統的な種類の詩が詠まれる。

オンラインで練習した歌や踊りを披露できるような機会とした（図 8）。

2024 年 1 月 7 日にはコンサートを開催し，子どもたちは歌に加えて，お経やスリランカの伝統的な踊り，さらには時代劇を披露した（図 9）。また，2024 年 4 月 7 日には，子どもたちがスリランカの伝統的なお正月料理を自ら作る体験会を実施した（図 10）。

図 8　宗像市グローバルアリーナで開催されたお正月を祝うイベントの一部

図 9　太宰府市松川公民館で開催された文化コンサートでの劇の様子

図 10　お正月の伝統的な料理を作る子どもたちの様子

1.4　本教室における課題と今後の展開

Covid19 感染症拡大の影響により，本教室の活動がオンラインに切り替えられた。不安もあったが，活動を行う中，多くの子どもたちが参加できる，対面ではなくても活動ができる，夜でも行えるなどの利点が多いことに気づいた。そのため，今後も適宜オンライン活動の利点を取り入れつつ本教室を運営していくことがよいと考えられる。

本教室における最大の課題は，運営者が日々忙しく，教室の運営や活動の開催に十分な時間を割けないことである。これまでの行事が有意義なものとなったのは，運営側の不断の努力とコーディネーター力によるものだと考えられる。特にコーディネーターの役割は，コミュニケーション力や人格に大きく左右されるため，適任者を見つけることが本教室における今後の課題となるだろう。また，継承語教育は子どもの年齢や発達段階に合わせたものでなければならず，本教室においては，全ての子どもに対して適切な教育を提供することが難しい面もある。この課題に対処するためには，指導内容や指導方法，指導者の工夫が必要である。さらに，現在の寺院では 3 つのクラスを開催できるスペースが不足しており，真夏と寒い時期には庭の使用にも制約が出てくる。この課題には早急な対策が求められる。また，毎月一家族から1,000円の費用を徴収しているが，よりよい教室の運営と行事の開催には十分な資金ではない。

今後，本教室の活動をスリランカにルーツを持つ子どもたちだけではなく，日本人の子どもたちや日本人コミュニティにも拡大し，日本社会における多文化共生に貢献したい。日本人コミュニティの積極的な参加を促すことも本教室における今後の課題である。

2. 子どもと保護者へのインタビュー調査

2.1　調査目的

以下では，2つのインタビュー調査を取り上げる。1つ目は，本教室に通う目的を把握するために，教室を利用する子どもたちを対象としたものである。2つ目は，彼らの保護者が本教室に子どもを通わせる目的と，その目的の達成感を明らかにするものである。

2.2　調査対象者

1つ目の調査においては，本教室に通う子どもたち9名を対象とした。調査当時，対象者9名のうち，2名が保育園・幼稚園，5名が小学校，2名が中学校に通っていた。本教室のクラス構成で言うと，5～10歳の年中クラスから5名，11歳以上の年長クラスから4名となる。そのうち，4名が日本生まれだった。全ての子どもたちに関して，スリランカに滞在した期間やその経験にはばらつきがあったものの，日本での滞在期間のほうがスリランカに滞在した期間よりも長かった。2つ目の調査においては，福岡県在住のスリランカ人保護者7名（女性5名，男性2名）を対象にした。

2.3　調査方法

いずれの対象者に対しても，調査方法はMessengerとZoom通話によるインタビューであり，子どもたちには主に「どうしてこの教室に通うか（通う目的)」,「この教室についての意見，提案などがあるか（求めていること)」という2つ，保護者には「この教室に子どもを通わせる目的は何か」,「今までこの教室に子どもを通わせたことによって，その目的をどのぐらい達成できているか」という2つを質問項目とした。

インタビューは，子ども，保護者の順で実施した。なお，協力者である子どもと保護者はそれぞれ親子関係にある。対象者の中には，保護者が同席する場でインタビューに協力した子どももいれば，保護者が同席しない状況で協力した子どもも含まれている。

子どもの1人当たりのインタビュー時間は，5～10分程度で，保護者の場合，15～30分程度であった。保護者に対しては彼らの母語であるシンハラ語で，子どもに対しては日本語とシンハラ語の両方を交えながらインタビューを行った。回答言語も保護者の場合はシンハラ語，子どもの場合は，日本語，シンハラ語，そして英語が混ざった形となっていた。最後に，録音したデータを調査者によって日本語に訳した。

調査期間は，2024年1月23日から2024年4月21日までである。

2.4　調査結果と考察

ここでは，子どもたちと保護者の順に彼らから得たインタビューデータを示しつつ検討を行う。その際には，両対象者の名前を記号化し，インタビューデータも要約し，簡略化した形で提示する。インタビュー内容の分かりやすさを考え，調査者によって補っている言葉を［　］の中に示したり方言を標準語にしたりしている。データの下線も調査者によるものである。

2.4.1　子どもたちが本教室に通う目的についての考察

以下では，A，B，C，D，E，F，G，H，Iの子どもたちが本教室に通う目的と本教室に求めていることについてのデータを示し，その考察を行う。データでは，シンハラ語で話している部分を斜体字で，英語の言葉はアルファベットで示している。データの中に，本教室に求めていることについての記載がないのは，子どもから要望が出てこなかったり何もないと述べたりしたからである。

Aさん（男，5歳）

本教室に通う目的：*供物をするため。拝むため*［仏教的な活動］。遊ぶのは楽しかったから。違うごっこもできるから。幼稚園と違うから。

Bさん（女，5歳）

本教室に通う目的：スリランカ語を*学びたいから行っている*。楽しいから。友達と遊びたいから。保育園の友達と違う。*父に言われるから。お坊さんに物語を教えてもらうため。*

Cさん（女，8歳）

本教室に通う目的：*色々，シンハラ文字とか学べるから。学校で毎日勉強するのは日本語だから。シンハラ語が書けないので。難しいシンハラ語の言葉*も学べるし。*お経，経典などわかるから。日本語の言葉じゃないから好き*。友達からもたくさん*の意見がもらえるから*。［スリランカの友達は］*いつも会わない。そこでだけ。*

Dさん（女，9歳）

本教室に通う目的：*シンハラ語の文字，忘れるので，それらをremindしたいと思う*。［学校は］*他の子もいるけど，ここは*私たち［スリランカの子供たち］の *class* だから。*大きくなったら，もしかしてスリランカに行く可能性もあるかもしれないから。その時に困らないように。色々読んで色々知りたいから*。*dance などがあることも好き。だからダハン学校も好き*。久しぶりに*スリランカの*友達と会うため。それが楽しい。近くに日本の友達はいるけど，周りにスリランカの友達はいない。*ダハン学校*に行ったら会えるから嬉しい。行かないとスリランカの友達に会わないから。
本教室に求めていること：*また drama などをやりたい*。今，1回しかないので，もっと多くやってほしい。1ヶ月に3回ぐらい。なんでかというと，スリランカのことを1回習ってからもっと知りたいと思ったから。だって大きくなったら帰るかもしれない。

Eさん（女，10歳）

本教室に通う目的：シンハラ語を勉強するため。[自分は] スリランカの人だから。スリランカの友達がいるから。[日本とスリランカの友達の] 言葉が違うから。スリランカの歌が歌えるから。行事も好き。学校と*ダハン学校*ですることが違うから。
本教室に求めていること：スリランカのこと，言葉をもっと知りたい。大きくなったらお父さんとスリランカに行くから。

Fさん（女，11歳）

本教室に通う目的：*ダハン学校*があるから行く，みんなと遊ぶのが楽しいから。学校ではおしゃべりとか一杯する。ここはサッカーとかもする。色々なこと知れる。例えば，イギリスのやつとか [スリランカがイギリスの植民地になった時代のこと]。[それが] 将来役に立つから。ダンスとかができるから，楽しかった。これからも行く。楽しいから。

Gさん（女，12歳）

本教室に通う目的：6年生の頃，オープンスクールに行っているときに，教会前というバス停のところで，違う子どもがお母さんに「ね，ね教会って何」って聞いていたときに，「結婚式を挙げる場所だよ」って言ってたから，[私は]「あれ，元々祈りをする場所じゃなかったの」って。そういうのちゃんと言える，そんな感じにならないように，聞かれたらちゃんと素晴らしい答えを教えてあげれる人になりたいから，あんな感じになりたくないから。そして，文化のことも知ったほうがいいから。（省略）死んだらどうなるかとか，キリスト教は天国と地獄に何か月間かいる感じなんだけど，仏教の考えも知りたい。なんか文化知ってなかったら恥かく気がする。だって小学校では全部教えてもらっているわけじゃないから。だから自分からダハン学校に行って，仏教のことちゃんとわからないから知っておきたいなと。おじいちゃんも仏教だったから，でもそれは関係なく。（中略）全部の文化のこと知りたい。（中略）シンハラ語の文字を書くのもできていないから。［クラスの］みんな［文字も］習いたいと言うんだから，［勉強］すると思う。私は読むことすらできない。話すことができても読んだり書いたりあんまりできていないから，大人になって恥ずかしくならないように，だから英語とか覚えたり。もちろんスリランカに住むのも慣れないといけないから緊急のこと起こるかもしれないけど，パスポートを取らないといけないし，なんかわからないけど。（中略）［シンハラ語が］わからないと恥。スリランカに遊びに行くから。綿飴を売ってないスリランカ人に［日本の］綿飴を配ってあげるから（中略）。スリランカ人の友達と会えるから。学校では遊びとかで文句言えない。恐れて関係に問題が付いてしまうかと。スリランカのみんなには，スリランカ語で冗談に文句を言ったりとか。それが出来なかったらあまりなんというか，友達って感じがしない。（中略）
本教室に求めていること：最近行けてないからまだ満足できていない。色々な用事で休んだりしているから。みんなでスリランカのクッキングをやりたい。（中略）スリランカの（中略）いろんなものを作ってきて，芸術とかペインティングとかセールをしなくていいけど，みんなに交換券のようなものを配って好きなのをもらう。（省略）

Hさん（女，14歳）

本教室に通う目的：スリランカの文化とか仏教とか，家とかでは教えられないっていうか，友達と触れ合ったりとかして学びに来てると思う。それって学校，塾，習い事では経験できない。自分の宗教とか母国とかについてもっと知れるから，この先，日本の人とかにも［スリランカの］伝統とかいろんな話などを伝えてもっとスリランカを有名にさせることとか［したい］。スリランカの文字とか自分では書けたりしないからこの学校を通してしっかり書けたり読めたりできるようになりたい。国に帰ったとか［の］時に，日本語だけだったら充実した生活ができないから。だから看板とか読めるようになりたい。
本教室に求めていること：お坊さんに仏教の話とか，○○先生とかの色んなスリランカの歴史とかについて聞いているから楽しくできていると思う。

Iさん（男，15歳）

本教室に通う目的：色々な文化を学ぶため。母は多文化のことをやっていて，僕も日本の文化だけではなく，親の文化も取り入れて，いろんな文化を学ぶことによって世界に対する視野が広がると思う。世界を見る視野を広げたいから。スリランカの文化を日本だけではなく，世界に広めることによってスリランカを救い，色々な国を救えるようになりたい。1つの国が救えるようになったってことは，同じく他の国も救えると思います。全部の国と協力し，生きていけるようになりたい。そのためには文化を学んでその文化を発信することが大切だと思います。辛いことや嫌なこともあるけど，たくさんのことをやって最後にそれを発表することによって達成感を味わうために行っています。日本では，魚を釣ったりお酒を飲んだりすることは悪いことではありません。ですが，仏教ではそれは良くないです。スリランカでは親［や］母に生かされて生きていますし。日本とかは自殺の件数が多いけど，スリランカは［自殺は］絶対にやってはいけないことの一つだから，そういうこと［仏教］を学んでいるから，スリランカで自殺とかは減っている。だから，自殺するのは良くない，虫を殺したりするのは良くない，どんな人にも優しくしたり自殺とかは考えなかったり［することを考えています］。

本教室に求めていること：完璧に学べているわけではないが，それなりに学んだことを発信という形ではないかもしれないが，学校の授業中に他の国はこうだよと伝えたりしている。今度はそれらをもっと大きく世界に向けて発信できるようにしたい。大人の話し合いだけで進めるようになっているが，1クラスから1人のリーダーを出すようにして，保護者の話し合いに子どもも参加できるようにして，もう少し子どもの意見を取り入れてほしい。

上記の子どもたちの発話には，年齢により回答の量や質にばらつきがあることを容易に理解できる一方で，年齢が上がるにつれ，子どもたちが世界を視野に入れた，それぞれの目標を持って本教室に通っていることが見えてくる。以上の調査結果から，子どもたちが本教室に通う目的を以下の4つに集約できる。

1. シンハラ語を学習すること
2. スリランカと日本を含む様々な文化についての学習や体験をすること
3. 仏教による教育を受け，道徳などによって自分の人生を豊かにすること

4.　スリランカの友達との関係を作り，それを維持すること

目的1のシンハラ語の学習は，本教室設立時における目的の一つでもあり，子どもたちも同様の目標を持っていることが本調査の結果から明らかになった。子どもたちのシンハラ語を学習する理由として，「スリランカに住むのも慣れないといけない」（Gさん），「日本の人とかにも［スリランカの］伝統とかいろんな話などを伝えてもっとスリランカを有名にさせる」（Hさん），「*スリランカに行く可能性もあるかもしれないから*」（Dさん）などが見られる。日本とスリランカのことを考えているこれらの理由から，子どもたちは多言語の学習を大事にしていると考えられる。

2つ目の様々な文化の学習及び体験という目的についても同様で，子どもたちは日本やスリランカに限定せず，将来を見据えながら，世界のどこにいてもこの学びが役立つと考えている様子がうかがえる。「スリランカの文化を日本だけではなく，世界に広めることによってスリランカを救い，色々な国を救えるようになりたい。1つの国を救えたら同じく他の国も救えると思います。国を救うためにはその文化を学んで発信することが大切」というIさんの発話がこのことを裏付けていると言えよう。これこそがグローバル社会に生きる国際人材に必要な姿勢ではないだろうか。これは，本教室の子どもたちが世界を視野に入れ，既に「国際人」を意識していることの一つの表れであろう。

仏教を取り入れ，自分の人生を豊かにしたいという3つ目の目的は，人間の幸福感，換言すると，ウェルビーイング[9]である。本教室の子どもたちの年齢から考えると，このような深い概念を理解しているとは言い難いが，「自殺するのは良くない」（Iさん），「どんな人にも優しく」する（Iさん），「全部の国と協力し，生きていけるようになりたい」（Iさん），「死んだらどうなるか」（Gさん）を知りたいなどの発話から，彼らがより良い人生を歩むための道徳に気付いたりそれらについて考えたりしていることは理解できる。国や国籍等と関係なく，このような道徳を人生に取り入れていたら，彼らはウェルビーイングに

9）世界保健機関（WHO）によると，ウェルビーイングとは，単に病気や虚弱がない状態だけではなく，身体的，精神的，社会的に良好な状態にあるということで，全体的な幸福感や良好な生活の質を示している。そのためには社会的なつながりや環境も重要な要素とされている。

溢れ，良い人生を歩むことが期待できよう。また，そのような彼らであれば，戦争に踏み出す道ではなく，世界平和に貢献するような道を選択するに違いないだろう。

4つ目の目的が示すように，本教室に通う子どもたちはスリランカの友達との関係を大事にしており，その理由として，「学校では遊びとかで文句言えない。恐れて関係に問題が付いてしまうかと。スリランカのみんなには，スリランカ語で冗談に文句を言ったりとか。それが出来なかったらあまりなんというか，友達って感じがしない」（Gさん）という発言は印象的である。これは，人間関係を作る中で必要なことを指摘しているようにも考えられる。子どもたちは，日本の友達関係から得られないことをスリランカの友達コミュニティに求めているようである。彼らのこのような語りから，本教室の存在には大きな意義があるだけではなく，今後さらにその意義を果たせるような工夫が必要であることも示唆される。

2.4.2　保護者が本教室に子どもたちを通わせる目的についての検討

続いて，保護者J，K，L，M，N，O，Pのインタビュー調査を取り上げ，彼らが子どもたちを本教室に通わせる目的とそれに対する達成感について検討する。保護者はシンハラ語のみで話していたため，以下に示しているのは，調査者によって日本語に訳し，簡略化されたデータである。

Jさん（男，50代）

子どもを本教室に通わせる目的：<u>シンハラ語を勉強してもらいたい</u>。仏教を知って宗教にも多少意識を向けてもらいたい。スリランカ人子ども同士で団結したり友情関係を築いたりしてもらいたいのと，スリランカの文化を知ってもらうのもある。新たなことを学んで挑戦してほしい。
本教室の目標に対する達成感：<u>シンハラ語教育はまだ足りてない</u>。交通面での不便さ等で参加できない子も参加できない時もあり，これは課題。今のところ大きな達成感を持っている。先生方も素晴らしい。予算等にも透明性がある。

Kさん（女，40代）

子どもを本教室に通わせる目的：多文化の経験を与えるために通わせている。親がよいと思うことだけ子どもの頭に入れるのではなく，世界に他の面もあると，見せてあげる必要がある。スピリチュアル的な生活を支えることも目的だ。今の教育は，我々のスピリチュアルな生活や人生にあまりタッチしない。我々は［宗教によって］そのような方法があると知りながらもそれを使わないのがもったいない。日本は宗教よりも教育に頼る。自分の経験では，何かに近づくための良い道というのを小さい頃から学んでわかっている。教会では，マナーを学習させ，集中力を育て，思いやり，共感力，シンパシー，エンパシーなどを育てる。優しさ，人間性を持って他人のことを考えさせる。寺での教育もそのためのもの。スリランカのコミュニティが必要ということもある。仏教の文化が大事だからというのもある。子どもには自身で自分のアイデンティティを作るための手助けをすべき。スリランカ風でも日本風でもなく，それはまた違うものだと思う。そのための文化的接触である。今のシステムでは，彼らは自分たちで何か新たなものを学ぶか，ちょっと疑問。だから小さな接触を与えてあげることは大事。日本ではそのようなチャンスも少ない。それで，アイデンティティロスに陥るかもしれない。それはよくない。寺の活動ではどちらも知った上で，自分で自分のアイデンティティを作れる。
本教室の目標に対する達成感：子供たちは友達と会うためにダハン学校に参加するのが大好き。そして，彼らは何か新しいことを学んでいると思う。次女が踊れるようになったことをこの学校を通して知った。そして今，彼女は世界市民として，将来，私たちのアイデンティティを世界に伝えるために，ダンスを学び続けている。ダハン学校は，子供たちの特定のスキルを認識するためのプラットフォームで，私はそれが好き。子供たちは，文化的影響を通してグローバルなアイデンティティを豊かにしながら，世界市民になることができる。ダハン学校はそのためのプラットフォームを提供してくれている。

Lさん（男，40代）

子どもを本教室に通わせる目的：仏教では，善行を行いながら良い生活を送るようにと言われている。だから我々は仏教徒として，前世，現世，来世のことを知っていて，5つの善行を自分用のルールとして守る。日本のような国に住んでいると，子どもは色々な社会階層の人と出会う。我々が何が善かを子どもに教えていたら，子どもは社会に出た時に，自分は何をすべきかを自分で決められる。例えば，日本では釣りは楽しい遊びだが，仏教徒として我々は，それは善の行為か悪の行為かを知っている。
本教室の目標に対する達成感：よい環境が備わっていて僧侶も大変いい。先生方は最高で，スリランカにある教室よりもよい。我々の子は幸せ以外に何もない。大変満足している。

Mさん（女，40代）

子どもを本教室に通わせる目的：仏教に近付けさせることが目的だ。スリランカで我々が学んだことの50%でも子どもに提供できるようにと思っている。激しく変わっていく社会の中で仏教と共に歩んでいたら，他人のことを，人間味を持って考えるようになるだろう。優しさ・愛を持たない心を持つことは今でも多少見られるから，社会と関わっていく中で，何かの問題に直面した場合，自力でそれを解決できるようにさせていきたい。みんな同じ・平等という考えを持って，他人のことを羨ましく思わない，誰も見下さない，傷つけない，他人の物を盗まない，他人のことを思いやりを持って考える，このような人間にさせる目的で通わせている。自分が問題に直面した時に，寺の影響で少しでも楽に解決策を導けるようにしたい。今，人間関係が薄くなっている時代だ。［仏教は］親を大事にすることもあり，親の面倒を見てもらうためではない。動物だけではなく，人を殺すことも簡単になってきているから，善悪を理解してもらうために通わせている。スリランカの友達と会わせることも目的だ。日本では友達関係は我々と違う。我々は食べ物を共有したりする。子どもも友達と会うことが好き。イベントや行事を通して学ぶこともある。我々のイベントは日本と違って，毎回同じものではない。子どもが小さい時にたくさんの思い出を作ってあげるべき。そのために，まずは伝えること。すると，子どもたちも後から考えると思う。大きくなると，理解するでしょう。それらをやるかやらないかは彼ら次第。この子は別の国に行くかもしれない。その時によい経験・思い出があるのが大事。伝統を親として伝えるべき。日本でも自力で這い上がれるように，子どもを前向きな方向にプッシュすることが大事。
本教室の目標に対する達成感：大変満足している。例えば，正月イベント。歌は歌えないと思っていたら子どもたちはよく歌った。発音もいい。女の子はあんな風にきれいに伝統的な踊りをすると思ってもいなかった。思っていた以上に子どもたちが何でもしてくれたというのは，1回目のイベントだけでも目的は100%も達成できているということだ。やった活動の成果はすごい。これからももっとよいものができると思っている。

Nさん（女，30代）

子どもを本教室に通わせる目的：我々は仏教の影響を受けながら育ったので，子どももそこから得られるメリットを得られたらと思って通わせている。日本社会から得られないが，仏教から得られる道徳的なものがあり，それらを得られるようにしてあげたい。家庭だけでこれはできない。例えば，仏教では五戒［生き物の殺害・窃盗・性的違法行為・嘘・酩酊の5つを避ける］を守ることが生きるには重要だとされている。それは，何かの問題に直面したときに，それを解決するための子どもの力になると信じている。なぜかというと，何かに耐えるということも宗教によって得られる力だから。日本の子どものストレスに耐える方法，問題を解決する方法などを見ていると，少し違うんだなと感じる。自分の子どもも今，我々の子どもの頃とそのやり方が違うと感じる。だけど，少しでも宗教的な影響があると，不幸になるような行いをしないと思う。僧侶のおっしゃることを家庭でも言うけど，［子どもには］重く感じさせない。寺に行って儀礼的なことをやって，その中で僧侶や先生に言われると，心への入り方も感じ方も違う。スリランカの伝統を学習できる機会というのもあるが，これについては十分わかっていない。これはよいことだと思う時も，それによって2つ，3つの文化の間で子どもが迷ってしまうんじゃないかとも思う時もある。アイデンティティはどうなるのかよくわからない。スリランカの子どもたちのコミュニティが好きだからそのチャンスを与えることも一つの目的だ。
本教室の目標に対する達成感：ある程度達成できている。続けていたら問題なくできると思っている。子どもは自分で理解してその上で行動するならそれは嬉しい。

Ｏさん（女，30代）

子どもを本教室に通わせる目的：スリランカの子どもの集まり，ネットワーク，コミュニティに入れることは一つ。学校，習い事などがあり，それらの忙しさのせいで仏教から離れてしまわないようにすることも一つ。スリランカの文化，伝統を理解し，身に付けてもらうのもある。
本教室の目標に対する達成感：とても満足している。スリランカの子どものコミュニティと繋がる点では，うちの子はとても喜んでいる。教室の活動写真を学校の友達にも見せたりして学校でのコミュニケーションにも使っている。家でも本教室で学んだ歌を歌ったりしている。だからいい影響を受けていて効果は大変良い。

Ｐさん（女，40代）

子どもを本教室に通わせる目的：日本にいるので，子どもにはスリランカの文化も仏教も学べる機会が少ない。学校では日本語だけ。家庭にいる時間が少ない。例えば，お釈迦様に供え物をして拝むようなことでも家ではあまりできない。この教室に行っていたら１ヵ月に１回だけでも，ちゃんと僧侶と仏教的なことをして，物語等を教えてもらっている。先生方もシンハラ語と日本語両方を交えて教えたりする。我々が小さい頃やったことを子どもにも教えてあげたい。イベント，コンサート等もあり，そのような経験も大事。日本には［スリランカでやるようなのが］ない。あっても我々の内容とやり方が違うので通わせている。スリランカ人の友達と一緒に活動するのも目的の一つ。子どもは家ではしっかりしてないけど，この教室では，子ども会にも参加したり出し物で歌を披露したりしている。同年齢の友達と一緒に活動するのも子どもにとっては楽しいので，それも一つの目的。子どももそれが好きで，勉強も楽しくやっている。
本教室の目標に対する達成感について：宗教的なことがたくさんできているとは言えないが，この間のコンサートもよくできたし，歌等も子どもはよくできていたので，よいと思っている。シンハラ語が読めなくても，カタカナにしてあげると一生懸命やっている。独立記念日に絵を描くと，それについてちょっとだけでも知ることができた。小さな成功がある。今後，まだまだ色々なことをやると思うので，成功が得られると思う。

上記に示しているスリランカ人保護者の発話から，彼らが本教室に子どもを通わせているのは，以下の1～4が示しているような子どもを育てたいと考えているからだと言える。

1. 動物も含めて誰とでも共生できるような人間
2. しっかりした自己アイデンティティが形成できた人間
3. 問題解決能力，自発性，積極性，自分に対する自信等を持つ人間
4. コミュニティの形成

「動物だけではなく，人を殺すことも簡単になってきている」（Mさん），現代社会の中で「誰も見下さない，傷つけない」（Mさん），「人間性を持って他人のことを考えさせる」（Kさん）というような保護者の発話から，動物も含めて誰とでも共生できるような人間を育成するという目的が明確になる。多くの保護者が子どもに仏教における五戒（生き物の殺害・窃盗・性的違法行為・嘘・酩酊を避けること）を理解し，身に付けてほしいと述べている理由もこの目的のためであると考えられる。また，本教室の活動を通して，文化的接触を行ってもらい，「アイデンティティロスに」（Kさん）ならず，「自分のアイデンティティを作るための手助けを」（Kさん）行っていることから，自己アイデンティティの形成ができた人間を育成するという保護者の目的を証明できるだろう。さらに，どの活動からも「共感力」（Kさん），「自分は何をすべきかを自分で決められる」（Lさん），「誰も見下さない」，「他人のことを思いやりを持って考える」（Mさん）などの能力や習慣を身に付けてもらうことも保護者の目的であることがわかる。これらのことから，本教室に関わる子どもと同様に保護者も，日本，スリランカというような狭い視野を持って考えているのではなく，激しく変化していく社会の中で，どこにいても上手く生きられるよう，子どもの将来を検討していると言えよう。「この子は別の国に行くかもしれない」というMさんの発言からもそのことを証明できる。これら全てが，急激に変化するこのグローバル時代を生き抜くために，スリランカ人，日本人という垣根を超え，国際人，または「世界市民」（Kさん）として生きるために必要なスキルである。

スリランカ人仲間とつながることに言及する多くの保護者の発言から，そのコミュニティの形成やコミュニティへの参加も本教室に子どもを通わせる目的

にしていることがわかる。上述した1～4を持った子どもを育てる手段・方法として，保護者は本教室が提供している仏教による道徳教育，日本とスリランカに関する文化活動，シンハラ語教育，子ども会活動等を捉えていると考えられる。

ここからは，子どもたちと保護者から得られたデータを比較してみたい。保護者は，子どもの中に道徳的な価値を育む手段・方法として本教室を活かしており，このことが子どもたちの場合，本教室に通う目的となっていることが見えてくる。当然ながら，年齢的に未熟で多くの選択肢を与えられていない子どもの場合，保護者と同じように，手段を越えて目的を貫くことはできないと考えられる。しかし，大人になり，いつか上述した能力・知識や価値観を育むためには，本教室が一つの手段となっていたことに彼らも気付くだろう。

継承語について両者のデータにもう一つの興味深い点が見られる。子どもの多くは本教室におけるシンハラ語の学びを目的にし，それについて言及しているのに対して，保護者で継承語としてのシンハラ語教育に触れるのはJさんのみである。この理由については2点ほど考えられる。1点目は，シンハラ語がスリランカ文化の一部であり，あえてそれについての特別な言及が必要ではないと保護者が考えていた可能性がある。2点目は，シンハラ語の教育よりも道徳教育を重んじているからではないか，ということである。これらについては，今後，探求する必要がある。

同じく，スリランカの子ども同士のネットワークにつなげるという保護者の考え方についても，今後さらに詳細を把握する必要があるが，国際人でありながらも自分のルーツを忘れないようにしてほしいという気持ちが，その裏に存在するのかもしれない。ただし，スリランカの友達とつながるという本教室における目的は，保護者も子どもたちも同様であることが見えてくる。保護者の上述した目的を総合的に検討すると，子どもたちが単にスリランカや日本に留まらず，より広い世界や複雑な社会に通じる国際人に育ってほしいという意向が見て取れるだろう。

本教室に対する満足度については，子どもたちの場合，今後さらにしてもらいたいことの要求等が色々見られるものの，保護者の場合は，現在の教室の体制やしてもらっていることについては十分満足している様子がうかがえる。

おわりに——まとめと今後の課題

本章の前半では，福岡県にある九州ランカ・マハー・ヴィハーラヤという寺院を中心に，シンハラ語の継承語教育と仏教に基づく道徳教育を行っている教室の実践を紹介した。後半では，その教室に通う子どもたちと保護者を対象に行ったインタビュー調査の結果をもとに，両者がこの教室を利用する目的について調べた。考察の結果，子どもたちの場合，仏教による道徳教育を受けること，スリランカの子ども同士でつながること，様々な文化学習や体験をとおして広い視野を持つこと，シンハラ語の学習等を目的としていることを明らかにした。一方で保護者は，これらの目的を通して，そこから，共感力，共生力，適応力，自発性などの性質や能力及び価値観の育成のみならず，激しく変化していく現代社会に必要な国際人を育成することを目標としていることを示した。

今回の調査のみでは，本教室が保護者の期待しているような上述の目的にどれだけ対応できているのかを十分に把握することは難しいと考えられる。同様に，子どもたちが本教室からどのような影響を受け，どのような国際人になっていっているのかも縦断的に検討する必要がある。そのためには，保護者と子どもたちを対象に，縦断的及び横断的調査を行う必要がある。これらを今後の課題にしたい。

謝辞

調査にご協力いただいた本教室の子どもたちとその保護者の皆さまに心より感謝を申し上げます。また，本教室の指導者の方々，校長先生をはじめとする教師の皆さまにも厚くお礼を申し上げます。

参考文献

S. M. D. T. ランブクピティヤ (2022)「日本の小学校で外国出身の保護者が抱く違和感と不適応——スリランカ人保護者の内面を探るPAC分析を通して——」*2022 The International Symposium on Japanese Language Education Rediscovering Japanese - Japanese Language Education in the Spotlight Proceedings*, Japanese Studies Department, Faculty of Foreign Languages and Literatures, University of Bucharest, Romania, pp. 35-47.

姚瑶・藤本悠・市田鈴音（2023）「親子母語教室への参加による日本人父親の意識変容に関する研究――中国人母親との比較を中心に――」『多分化関係学会第22回年次大会プログラム・抄録集』60-63.
S. M. D. T. ランブクピティヤ（2023）「日本とスリランカにおける学校文化の相違点――PAC分析によるスリランカ人女性保護者の内面を通して――」『久留米大学外国語教育研究所紀要』第30号，1-27.

第8章

日本における継承語教室の持続的な運営

――福岡におけるベトナムルーツを持つ子ども向け継承語教室の事例から――

ブイ テイ トウ サンゴ

はじめに

近年，日本各地に外国籍コミュニティが運営する継承語[1)]教室が増えてきた。しかし，日本の学校も含め，日本社会では外国にルーツを持つ子どもの教育についての理解がまだ足りていないのが現状である。このため，継承語教室を効率的かつ持続的に運営していくには大きな課題がある。筆者は2018年から福岡でベトナム語教室の設立や運営に関わり，様々な課題に直面してきた。現在も福岡で継承語教室としてのベトナム語教室を運営し，それ以外にも英語教室やネパール語教室の支援活動をしている。本章では，実践報告として福岡において筆者が直接運営に関わるベトナム語教室や，ベトナム政府が支援するベトナム語教室，新しく設立されたベトナム語教室の実情を紹介し，日本における継承語教室の持続的な運営について分析・考察する。現在，学校外で実施されているベトナム継承語教室の実践報告はまだ少なく，ベトナム人集住地域ではない福岡の事例は多くのベトナム人散在地域を含む在留外国人散在地域にとって参考になると考える。

1．先行実践報告

日本における継承語としてのベトナム語教室の実践報告はいくつかあるが，

1）「継承語（heritage language）とは，親の母語，子どもにとっては親から継承する言語である（中島 2017：2)」と定義されている。本章で「継承語」と定義するものを引用元の文献が「母語」と呼んでいる場合もある。引用する文献が「母語」と呼んでいる場合も「継承語」として扱い，議論を進める。

学校内で実施される事例がほとんどである。落合（2012）と北山（2012）は，ベトナム人集住地域である兵庫県の神戸市内の小学校で行われるベトナム語教室について紹介し，運営の課題として学習の動機づけと多様な言語能力への対応の難しさを挙げ，文化体験の機会提供や保護者の関わりによって学習に良い効果が生まれたことを報告した。タン（2017）は，ベトナム人集住地域である兵庫県と神奈川県の小学校で行われているベトナム語教室及び大阪府の小学校で行われている民族クラブの実態について報告した。学校によって実施内容は異なったが，共通の課題として児童の学習意欲，授業内容に関する悩み，保護者の取り組み，継承語講師確保の問題が挙がった。近藤（2017）は，大阪府内の小学校に通っているベトナム人児童Tの継承語ベトナム語学習過程と言語能力の変化を報告し，公立小学校内において継承語学習を支える家庭・学校・母語指導員の連携モデルを提唱した。

2. 継承語教室の持続可能性についての分析枠組み

以上のように，日本における継承語教室の取り組みは在留外国人集住地域においては進んでいるものの，在留外国人散在地域においては緒に就いたばかりである。また，集住地域の継承語教室には学校教育の中に位置づけられているものもあるが，散在地域ではその多くが保護者や民間の手による運営となっている。このため，教室運営を取りまく状況は2000年以前と何ら変わらず不安定である。したがって，本実践報告では，石井（1999）を分析の枠組みとして用いる。なぜなら，散在地域における継続可能な継承語教室運営について分析しようとする際，1999年に神奈川県で母語教室の調査を行った石井によって提示された9つの要素を揃えることが依然として必要だと考えるからである。

石井によると，継続的に継承語教室を運営するためには，以下の9つの要素が必要である（1999：165)。1つ目は子どもの学習意欲・動機づけ・負担である。子どもは継承語学習の必要性を理解していないため，週末遊びに行けず，継承語教室に強制的に連れられてきたという思いを抱く。また，学校での勉強が大変になると，継承語を学ぶ余裕がなくなったりする。2つ目は親の協力である。これは，子どもの学習意欲・動機づけのため，必要な要素である。3つ目は場所の確保である。場所がないと，勉強できない。そして，適切な場所がないと勉強する気にならない。４つ目は運営費である。ほとんどの教室は授業料と寄付金だけでは足りず，助成金のおかげで継続できている。５つ目は子どもの年齢・言語能力の多様性への対応である。多様な言語能力に対応するためには，教室ではグループに分けて教えないと効率的学習にならないが，実際にはグループ分けする余裕があまりない。６つ目は時間の確保である。隔週開催や月１回程度では学習効果があまりない。７つ目は講師の確保である。予算がないため，教師の謝礼があまり払えない。専門知識や技能を持っていて，しかもボランティアで教えてくれる人は非常に少ない。８つ目は教材の充実である。質が高い教育を提供するために必要な要素である。９つ目は学校教育の中での位置づけである。

以下，福岡におけるベトナムルーツを持つ子ども向けの複数の継承語教室の実情を紹介する時，この９つの要素の存在を確認し，継承語教室の継続的な運営に繋がっているかどうか検証していく。

3. 福岡におけるベトナムルーツを持つ子ども向け継承語教室設立と増加の背景

継承語には，３つの議論がある。1）外国ルーツを持つ子どもにとって必要性がある，2）継承語を学ぶことは外国ルーツを持つ子どもの権利である，3）外国ルーツを持つ子どもが継承語を確実に身に付けられることは，社会にとって大きな言語資源になる。こういった継承語の議論を踏まえ，まず，福岡で初めてベトナム語教室が開設された背景とその後のベトナム語教室の展開をみていく。

2010年代，ベトナムにおける日本留学ブームによってベトナムから大勢の学生が福岡の日本語学校等に留学に来た。留学の後，多くのベトナム人は就労ビザに切り替え，学校の職員やベトナム人実習生の通訳等として仕事をしながら，福岡で家族と暮らすようになった。日本におけるベトナム語能力の経済的な価値が分かっているベトナムルーツを持つ保護者は，日本に生まれたベトナムルーツを持つ子どもにベトナム語を教えようとする意識が最初から高かった。しかし，通えるベトナム語教室がなかったため，当初は家庭で教えるという選択肢しかなかった。実際には，保護者が就労のため，家庭では教える時間があまりないことに加え，教授法も分からず家庭で継承語であるベトナム語を教えることは，非常に困難であった。

このような困難を解決するために手を差し伸べたのがベトナムフェスティバル福岡実行委員会である。この団体は，2018年から福岡で日越交流やベトナム人コミュニティへの助け合いの活動を行っていた。この会の代表者の会社が福岡市にあり，その事務所でベトナムルーツを持つ子ども向けベトナム語教室が開かれることとなった。こうして2018年に始まったベトナム語教室であったが，Covid19感染症拡大により対面の授業からオンライン授業へ移行し，ベトナムと日本の民間団体が実施するベトナム語オンライン授業が行われるようになった。また，デジタル教材の開発も盛んになった。そのため，多くのベトナムルーツを持つ子どもたちはベトナムにいるベトナム語教師によるオンライン授業を受けることになった。

「令和4年度在留外国人に対する基礎調査結果概要資料」によると，子育て・子どもの教育で在留外国人が最も困っているのは，子どもが母国語・母国文化を十分に理解していないということである（出入国在留管理庁2022)。こういった在留外国人の子育ての課題に対応すべく，ベトナム政府は，海外にいるベトナムルーツを持つ人々がベトナム語を学習しやすくするため，2013年から毎年海外でベトナム語を教えている講師・ボランティア向け研修会を実施している。2017年からは海外で効率的にベトナム語を教えられるように教材開発を推進し，ベトナム語を教えるテレビ番組やYouTubeチャンネル等を制作している。日本では2022年にベトナム大使館が在日ベトナム語協会を設立し，日本全国のベトナム語教室設立のサポートや連携を行っている。そうした一連の動きを受け，2023年には福岡市博多区に新しいベトナム語教室が開かれた。現在，福岡には2万人以上のベトナム人が在住し，そのうち14歳以下の子どもは約5%を占めている（出入国在留管理庁2023)。このため，より多くの子どもに継承語の学習機会を提供できるように，2024年度から北九州市に1教室，福岡市の博多区に1教室が新しく設置された。

4. 福岡におけるベトナムルーツを持つ子ども向け継承語教室の実情

前述の持続可能な運営の要素を踏まえ，福岡に存在する複数の継承ベトナム語教室を事例として，実際の教室の実情をみていくことにしよう。なお，以下に掲載される写真は該当の保護者の掲載同意が得られたものである。

4.1　日本の団体が支援するベトナム語教室

4.1.1　ベトナムフェスティバル福岡実行委員会のベトナム語教室

2018 年に設立され，最初は会の代表者の経営する会社の事務所で片方の親がベトナム人であるベトナムルーツを持つ 3～4 歳の子ども 5 人にベトナム語の日常会話，歌，文字を教えたり，ベトナム語の絵本を読み聞かせたり，体験活動でベトナムの行事を紹介したりしていた。図 1 は当時の教室の様子である。

図 1　教室設立時の授業・体験活動の様子

教室を開いてしばらくしてから同じルーツを持つ小学 2 年生が勉強に来たが，ベトナム語がまだ話せなかったため未就学児と一緒に学ばせた。筆者は保護者でもあるが，教室の管理人として関わった。事務所は狭かったが，子どもの人数が少なかったため，場所は特に問題にならなかった。講師の謝礼は保護者が出し合って支払った。毎回，子どもが勉強している時間は，保護者同士がその場で交流していた。講師はベトナム語教育の経験者なので，教材の準備を任せた。また，この教室では子どもたちが教室で学んだことを発表できる機会をよく作っていた（図 2 参照）。

図２　ベトナム文化イベントでのベトナム語の歌と踊りの披露

Covid19 感染症拡大により教室が休みになった期間があったが，日本の学校でオンライン授業の導入が始まったのに合わせて，教室でもオンライン授業に切り替えた。オンライン授業のために，デジタル絵本や教材を購入して使用した。毎回，保護者が同席して授業をサポートした。また，日本語学校で働いている保護者から提案があり，2021 年 10 月から日本語学校の教室を借りて授業を実施することになった（図 3 参照）。

図３　日本語学校での授業の様子

日本語学校での授業ではベトナム語で日常会話ができる年中と年長の子どもが一緒に文字の読み・書きを勉強した。また，保護者は子どもをグローバル人材として育てていきたいと思い，ベトナム語授業の後，英語授業も行った。日本語学校で授業を行った時は，保護者の協力が非常に重要だった。日本語学校の職員である保護者が毎回監督に来ることが不可欠であり，教室の使用後，教室の掃除・消毒に対しても保護者の協力が必要だった。講師２人の謝礼以外にも光熱費の支払いも必要だった。これに対し，妊娠中または小さい子どもがいる保護者は全面的に協力できないという事情があり，この場所での教室は2か月で運営できなくなった。

教室に利用できる場所がなくなったので，2021年12月にベトナムフェスティバル福岡実行委員会がいつも無料で利用していた福岡市国際会館に移動し，授業を行った。その後，入国制限の緩和で来日した家族が増え，勉強する子どもが一気に10人以上増えた。新しく教室に参加したのはエンジニアの親を持ち，両親ともベトナム人である子どもたちだった。そこで，5～6歳の読み書き教室5人と3～4歳の会話教室約10人に分け，ベトナム語の講師2人と英語の講師1人で1日に計4レッスンを行った。保護者は子どもと同席して，一緒に授業に参加した。この当時の授業の様子は図4に示すとおりである。

2022年4月からは来日したばかりの子どもに初期日本語指導も行い，小学生にプログラミングも教えるようになった。毎週日曜日，親子が集まって様々な事を勉強し，グローバル人材育成を目指した。また，年1度のベトナム人保護者向け就学ガイダンスやベトナム語発表会等も実施した。教員である親・ボランティアの留学生が子どもたちに教えたため，講師料は不要だったが，教材・体験道具の購入・イベント開催の経費を，必要な時に保護者から徴収して賄った。2021年に在福岡ベトナム領事館から海外使用のテキストの寄付があったが，子どもたちがまだ読み書きができないため，当時は活用できていなかった。

図4　福岡市国際会館での授業の様子

ただし，福岡市国際会館のような公共施設で継承語教室を実施する場合，場所の確保が大きな問題であった。公共施設は，3か月前の予約が必要で，日程が重なれば抽選という規則がある。このため，予約が取れない時がよくあり，特に4月・5月はイベントが多いため，毎週の場所の確保は難しく，月1～2回しか確保できなかった。加えて，予約した部屋内のみで活動しないといけないルールがあり，休憩時子どもたちが部屋を出て遊ぶと，周りに迷惑をかけることになる。しかし，せっかく集まって勉強・交流をするのに，自由に遊べないのは子どもにとって悲しいことである。こうした問題点を解決するために，教室用の新しい場所を探すことになった。その時に知ったのが，全国各地で取り組みが進む子どもの居場所づくりをねらいとする子ども食堂であった。

4.1.2　福岡国際子ども食堂＆居場所の体験活動としてのベトナム語教室

2023年1月にベトナムフェスティバル福岡実行委員会は，福岡で外国ルーツを持つ子どもと保護者を支援するため福岡国際市民協会を設立し，実行委員会メンバーは新しい協会の会員としてサポート活動を行うことになった。筆者は協会の代表を務め，2月に福岡市中央区にあるベトナム料理店に場所を借りて福岡国際子ども食堂＆居場所（以下，子ども食堂＆居場所）を開設した。子ども食堂＆居場所は，毎週日曜日14時から19時まで開催している。国籍に関係なく，すべての子どもが無料で利用できる食堂・居場所であるが，特に外国ルーツを持つ子どもが利用しやすい子ども食堂＆居場所になることを心掛けている。図5は子ども食堂＆居場所の提供プログラムの例である。

子ども食堂＆居場所は，子どもに食事を提供する以外にも，日本語講師・留学生による学習支援・日本語指導やネイティブ英語講師による英語教室，継承語教室（ベトナム語とネパール語），国際バカロレアのテーマに沿った国際理解教室を実施している。どの活動も年齢・言語レベルでグループを分けて授業を行った。半年後，ベトナム料理店の移転に伴い，子ども食堂＆居場所も博多区吉塚にあるリトルアジアマーケット内のアジアンプラザへ移動させた。子ども食堂＆居場所は公的な支援の対象となり，多くの方の賛同を得て，協力が集まってくるので，充実した授業ができるようになった。子ども食堂＆居場所は現在，福岡市とJICA（国際協力機構）九州による助成を受け，場所を借りている日本料理店で週2回土日に開催されている。子ども食堂＆居場所で指導する講師は実施期間中に変更は生じたが，講師料の予算が確保できたため，講師の確保自体は常時できている。

3月福岡国際子ども食堂＆居場所の開催

分からない宿題や学びたいことを地域の方に教えてもらい、子ども同士で色々な国の遊びや家庭料理を体験し、新しい文化・言語・観点を理解してみませんか。

- ✧ 対象者：18歳未満の子ども（国籍問わず）
- ✧ 場所：アジアンプラザ（福岡市区吉塚1-14-5）
- ✧ 利用料：子ども　無料
  大人　食事代　一人1,000円

3月のプログラム

日時	14:00~16:00 学習支援	16:00～17:00 移動・自由遊び	17:00～18:00 体験活動 （異文化理解、探究学習など）	18:00～19:00 夕食
3月3日（日）	全体学習（宿題、語学等）	自由遊び	ひな祭り	ちらし寿司、お吸い物、ひなあられ
3月10日（日）	全体学習（宿題、語学等）	自由遊び	汚染	バングラデシュ料理
3月17日（日）	全体学習（宿題、語学等）	自由遊び	地球温暖化	アフガニスタン料理
3月24日（日）	全体学習（宿題、語学等）	自由遊び	紛争解決＆平和	スイス料理

図 5　福岡国際子ども食堂&居場所のプログラム

子ども食堂&居場所でのベトナム語教室は現在3レベルで指導している。4～5歳グループとベトナム語の読み書きがまだできない小学生グループ，そして読み書きができる小中学生グループがある。4～5歳グループはベトナム語の日常会話ができるので，テーマに沿った語彙を紹介したり，絵本やお話をベトナム語で作らせたり，長い文または複文で話せるように指導しながら，文字の読みの勉強となぞり書きをさせている。読み書きがまだできない小学生グループは，ベトナムで小学校 1 年生が使用するベトナム語のテキストを使って指導している。読み書きができる小中学生グループは自分の学年のベトナム語テキストとドリルで自習し，講師に朗読や解答をチェックしてもらっている。図 6 は授業の様子である。こうしたベトナム語のドリルや書籍が購入できたのも助成

図 6　福岡国際子ども食堂&居場所での授業の様子

による経費の確保ができたおかげである。

上記のように，子どもの発達レベルに応じた継承語授業を提供し，学びと遊び，体験の要素を取り入れた子ども食堂&居場所は子どもたちにとって通いたい場所になっている。保護者が連れて行けない時に泣いた子どもや，週1回だけ来るつもりだったが，2回とも来たいと言い出した子どももいる。「ここは様々な勉強ができ，楽しく遊べ，美味しい食べ物があるから」と久留米市に住んでいるベトナムルーツの小学生が言う。また，子どもは学習支援者からベトナム語の勉強・能力についてよく褒められているため，学習意欲・自信等が出てきている。さらに，日本人の子どもと保護者の前で継承語教室を行うので，継承語教育の大切さを周囲にも伝えることができ，日本人の子どもも自然に一緒に学べるようになる。福岡市は今後も子ども食堂&居場所の授業を助成する意向であり，継承語教室も継続が期待できる。

4.2　ベトナム政府が支援するベトナム語教室

NHK World-Japanによると，2018年に福岡市博多区にあるGAG日本語学校の運営，在福岡ベトナム領事館の後援で，小学生向け土曜日の有料のベトナム語教室が設立されたが，Covid19感染症拡大等で続けられなかった。その後，2023年6月にGAG日本語学校でベトナム語教室が再開されたという。運営団体は2019年に在福岡ベトナム領事館の後押しで設立された在福岡ベトナム人協会である。その教室の体験入学の日に約30人の3歳から8歳までのベトナムルーツを持つ子どもが保護者に連れられてきたが，その後，実際に継続的に学んでいる人数はまだ不明である（NHK World-Japan 2023）。教室の開設前にはベトナム政府が継承語教育の大切さを伝えるセミナーを行い，教室開設後に教室で教える保護者やボランティア青年に1日の研修会を実施し，教室で使用するテキストやベトナム語の本を寄付したという。講師は5人体制で，ベトナムの小学校で5年教師経験がある1人が5～8歳の読み書き教室を担当し，他の4人が交代で3～4歳の教室を担当するということであった。

子どもを通わせたことがある保護者に筆者がヒアリングを行ったところ，最初は無料の教室だったが，途中から講師の交通費等の支払いがあるため，授業料を徴収することになった。しかし，3～4歳の教室は現在開催されていないということである。継承語教室を運営するためには様々な経費が必要である。特に，講師料の資金確保は継承語教室の継続に繋がる重要な要素である。ボランティアの講師の都合が悪くなって，指導できなくなっても，講師料の予算があれば，すぐに他の人に依頼することができる。そのため，継承語教室を継続させるためには長期的な資金計画が不可欠だと考える。

おわりに――福岡におけるベトナムルーツを持つ子ども向け継承語教室の増加と今後の展望

先述したように，2024 年 4 月に北九州市にベトナム語教室が開設された。教室は教会の部屋を借りて，月 1 回開催され，ベトナムルーツを持つ未就学児にベトナム語の遊び等を紹介している。筆者が教室運営の責任者にヒアリングを行ったところ，北九州市に在住している多くのベトナムルーツを持つ小学生はこの教室に通わず，オンライン授業を受けているとのことである。また，福岡市では 2024 年 5 月にベトナム人とネパール人と中国人が共同経営する福岡国際外語学院が全面支援する，中国語教室・ネパール語教室・ベトナム語教室が開設された。以上のように，今後，ベトナムルーツを持つ子どもはさらに増加する見込みがあるため，ベトナム語教室も増加していくことが予想される。

このように日本全国に継承語教室が増加していく中，教室の継続は依然として課題である。持続的な運営のためには，石井（1999）が述べたように様々な要素が必要である。その点において保護者やボランティアにすべて任せることはできない。特にここで，石井（1999）が挙げた 9 番目の要素である「学校教育の中での位置づけ」の重要性が喚起される。子どもの権利を保護するためにもグローバル人材の育成のためにも，子どもたちの母国および日本の両国に支援の責任がある。確かに，継承語教室を学校教育の中に位置づけることができれば，持続可能性が出てくるが，インターナショナルスクール等外国人学校が学校教育法のいわゆる「一条校」（学校教育法の第 1 条に定める「学校」として創設された学校）として認可された事例は集住地域を除き，まだ数少ない。そうした現状が改善されていかない限り，ベトナム人散在地域および在留外国人散在地域で継承語教室が学校教育の中に位置づけられていくことは期待し難い。

そうした現状を踏まえ，最後に，福岡国際市民協会が運営している教室の事例が継承語教育に取り組む散在地域にとって参考になると考えられる点をまとめる。

本事例の特徴的な点は，継承語教室の大きな課題である子どもたちの学習意欲・動機づけ・負担及び場所・講師の確保への対応が子ども食堂の運営を行うことによってできるようになり，継承語教室の持続的な運営に繋がっていっている点である。子ども食堂＆居場所では，外国ルーツを持つ子どもに必要な様々な学びと遊び，体験の要素を取り入れたため，子どもたちの学習意欲・動機づけが得られ，外国ルーツを持つ子どもにとってワンストップの場所になっており，通ってくる子どもや保護者にとっての負担が少なくなった。また，場所代や講師料，教材は子ども食堂助成金の対象経費なので，予算を付けられ，場所と講師の確保および教材の充実ができるようになる。つまり，子ども食堂の運営に継承語教室を組み込むことにより，石井（1999）が挙げた継続的に継承語教室を運営するために必要な9つの要素のうち，「学校教育における位置づけ」を除き，ほとんどの要素が充足される形となった。

加えて，重要な点は，現在，子ども食堂の開催は全国に広がり，公的な支援の対象になっているため，どこでも開催しやすくなっている点である。子ども食堂には食事支援以外に学習支援や居場所，地域の交流拠点等といった様々な機能があるため，在留外国人散在地域においても子ども食堂の中で継承語教室を実施することは可能だと考えられる。しかし，現在，多くの子ども食堂は多くても週1回しか開催されていない。回数を増やすために，外国ルーツを持つ子どもにとって家庭と学校以外にいつでも行けるもう一つの家，第三の居場所が必要だと考える。今後，外国ルーツの子どもの第三の居場所づくりを実施し，継承語教育に繋がる効果を検証していきたい。

謝辞

福岡国際子ども食堂＆居場所の活動は，「福岡市子どもの食と居場所づくり支援事業補助金」および「世界の人びとのための JICA 基金」の助成を受けている。

参考文献

石井美佳（1999）「多様な言語背景をもつ子どもの母語教育の現状―「神奈川県内の母語教室調査」報告―」『中国帰国者定着促進センター紀要』7, pp. 148-189.
NHK World-Japan（2023）「Trẻ em ở tỉnh Fukuoka được học chữ và văn hóa Việt」（在福岡県の子どもがベトナムの言語・文化を学べる）https://www3.nhk.or.jp/nhkworld/vi/shows/9999l86/（2024 年 4 月 29 日閲覧）
落合知子（2012）「公立小学校における母語教室の存在意義に関する研究―神戸市ベトナム語母語教室の事例から―」『多言語多文化―実践と研究―』4，pp. 100-120.
北山夏季（2012）「公立学校におけるベトナム語母語教室設置の意義について―保護者の取り込みと児童への影響―」『人間環境学研究』10，pp. 17-24.
近藤美佳（2017）「児童 T の継承ベトナム語学習の軌跡―ベトナムにルーツを持つ子どものための継承語学習カリキュラム考案に向けて―」『母語・継承語・バイリンガル教育（MHB）研究』13，pp. 113-131.
出入国在留管理庁（2022）「令和 4 年度在留外国人に対する基礎調査結果概要資料」『在留外国人に対する基礎調査』
出入国在留管理庁（2023）「在留外国人統計」
タンティミビン（2017）「日本の公立小学校における母語・継承語としてのベトナム語教育の実態―ベトナム人集住地域の事例から」『宇都宮大学国際学部研究論集』44, pp. 97-117.
中島和子（2017）「継承語ベースのマルチリテラシー教育：米国・カナダ・EU のこれまでの歩みと日本の 現状」『母語・継承語・バイリンガル教育（MHB）研究』13，pp. 1-32.

第9章

継承語教育が日本社会を変える

――多様性を尊重する環境への転換をめざして――

松永典子

はじめに

日本語教育の推進に関する法律（令和元年法律第48号，以下，「日本語教育推進法」）及び「基本方針」（令和2年6月23日閣議決定）の施行以降，日本語教育は，今や歴史的大転換期を迎えている。このことは，日本社会における日本語教育の重要性がようやく認められるようになってきたことを表すものでもある。この「日本語教育推進法」では，その基本理念が定められたのみならず，国，地方公共団体及び事業主の責務が明らかにされた。これに伴い，それまで善意の市民の手により，ボトムアップの活動として位置づけられてきた地域日本語教育にも国や地方公共団体が責任主体となって取り組む機運が高まってきている。

また，日本政府による移民政策こそ打ち出されてはいないものの，実質的な移民受入れは社会の各階層で進んでいる。文部科学省は留学生の数の増大，つまり従来の受入れ目標30万人から2033年までに40万人を目指すのみならず，有望な外国人留学生の受入れ定着の促進をはかる。出入国在留管理庁は，高度外国人材の中でもトップレベルの能力のある外国人の受入れ，日本での活躍が期待される潜在能力の高い人材の受入れを促進するために令和5年度より新たな在留資格を創設し，「特別高度人材」の獲得に乗り出している[1]。外国人労働者受入れに関しても，技能実習生制度を廃止し，「育成就労制度[2]」のもと，企業による外国人労働者の受入れと育成へと舵をきる。育成就労制度では，人材

1）出入国在留管理庁「特別高度人材制度（J-Skip）・未来創造人材制度（J-Find）について」https://www.moj.go.jp/isa/publications/materials/nyukan_nyukan50_00002.html（2024年1月23日最終閲覧）。

確保・人材育成の目的のもと，技能実習生制度で問題視されてきた人権侵害やキャリア形成の視点の欠如などの問題点を是正し，一定要件による転籍や特定技能制度への移行もスムーズになる。より高い技能を習得した特定技能2号では家族帯同も認められており[3]，ライフステージ・ライフサイクルに応じた支援が謳われる中，子育て支援及び教育環境の整備は能力の優れた外国人材の日本への定着促進を促すうえでも急務と言える。

そうした中，令和6年度より文部科学省（以下，文科省）の中に日本語教育の専門部署が新設され，文化庁「国語課」が担ってきた業務が文科省に移った。これまで文化庁「国語課」は，地域日本語教育や日本語教育人材養成研修等で一定の役割を果たし，地域社会における人材育成に寄与してきた。日本語教育人材の需要が増す中で，こうした人材育成は今後も重要性が高いが，総合的な施策を展開していくには文化庁の管轄では限界があった。文科省により，「多文化・多言語環境に育つ子ども」（以下，CLD児：Culturally and Linguistically Diverse）[4]への教育や外国人労働者を対象とした生涯学習などの指導体制を充実していく施策が一元化されていくことは，日本語教育政策の総合的な対応が進むという点において大きな意味をもつ。たとえば，「外国人との共生社会の実現に向けたロードマップ」（令和4年6月制定）[5]では，重点事項に関わる4つの取組の中に，新たに令和6年度，文科省により「外国人材にとって魅力的な子供の教育環境のモデルの開発及び全国の自治体や学校等への横展開の実施」が新規施策として加わった。この点からも外国人労働者受入れ・定着と教育施策

2）育成就労制度に関しては，厚生労働省が『技能実習制度及び特定技能制度の在り方に関する有識者会議最終報告書（令和5年11月30日）』をまとめている。労働政策研究・政策機構は従来の技能実習制度から育成就労制度移行への変更点につき解説を行っている。https://www.jil.go.jp/kokunai/blt/backnumber/2024/01_02/top_03.html（2024年10月20日最終閲覧）。

3）出入国管理庁「特定技能制度」https://www.moj.go.jp/isa/applications/ssw/index.html（2024年10月20日最終閲覧）。

4）この章では，子どもを学齢期の児童生徒と同義で使用している。CLD児の用語を用いるのは，子どもの有する背景やルーツは複雑かつ多様であり，「外国人児童生徒」や「外国籍児童生徒」という行政的な括りでは定義ができないためである。ただし，本章の中で行政の施策について触れる場合は，「外国人児童生徒」という呼称を用いる。その他にも立場の違いにより，「外国につながる子ども」，「外国ルーツの子ども」，「多文化背景の子ども」，「移動する子ども」と表現される場合もある。

の充実とが重要な関連施策として位置づけられていることがうかがえる。

以上のように実質的な移民の受入れが日本社会の各層で進展し，それに伴い日本語教育に対する政府の取組が拡充してきている。その中で，国家的政策として，移民によって日本社会に持ち込まれる多数の言語や文化を異質なものとして排除すべきと考えるか，社会の貴重な資産と考えるかにより，CLD児の将来のみならず，日本の将来は大きく変わる。ただし，日本では欧米のように多文化・多言語を尊重する言語政策自体が確立されていない。日本社会のCLD児の継承語及び継承語教育の問題に関しては，この現実を踏まえたうえで捉えていく必要がある。

次に，そうした社会の転換期の中で継承語と継承語教育をめぐる背景と現状を概観し，今後の日本の社会づくりを担うグローバル人材（多文化・多言語を理解し，多様な視点から複雑な社会課題の解決に挑む人），マルチリンガル人材（様々な組み合わせの言語能力を有し，異なる言語文化間の橋渡しをする人）としてのCLD児の将来を支えるのが継承語教育であることを述べる。さらに，継承語教育の国際比較，大学院での教育実践をもとに社会にとっての課題と継承語教育の役割との接点を検討し，継承語教育が日本社会をモノリンガルからマルチリンガルへ，すなわち多様性を許容し尊重する環境へと変える可能性について提言する。

1. 継承語と継承語教育

継承語は，「家庭で用いられる言語で，社会の主要言語とは異なる言語」と定義されている[6]。それがその子どもにとっての第一言語，あるいは母語である

5）出入国管理庁「外国人材の受入れ及び共生社会実現に向けた取組」（令和6年9月30日更新）。2022年に制定されたロードマップでは，「我が国が目指すべき外国人との共生社会のビジョン，それを実現するために取り組むべき中長期的な課題及び具体的施策」が年度を追って更新されながら示されている。https://www.moj.go.jp/isa/content/001335263.pdf（2024年10月20日最終閲覧）。

6）継承語の定義は児童生徒を取り巻く背景が多様であるがゆえに困難であるが，序および本章では文部科学省「研修用動画コンテンツ2　外国人児童生徒等教育の考え方」p. 12の定義を用いる。

場合が想定されるが，子どもの育つ環境によっては，必ずしも第一言語や母語が継承語になっていない場合もある。そのため，本章では，それぞれの立場を尊重し，母語＝継承語の立場はとらず，母語と継承語は分けて表記するが，「母語支援」「母語教室」「母語話者」など引用する場合は，そのまま「母語」を使用する。

国内の継承語教育を俯瞰した場合，在留外国人集住地域などでは，家庭や小規模コミュニティのみならず学校教育の中に教室が配置され，ポルトガル語，中国語などの教育がなされている地域もある。ただし，これはあくまで例外的で，上記の継承語の性格から，継承語教育は学校教育や社会教育の範囲外の教育であり，家庭で教えれば良いといった観念が強く働く性格を有すると言って良い。「日本語教育推進法」第3条第7項にも，「日本語教育の推進は，我が国に居住する幼児期及び学齢期にある外国人等の家庭における教育等において使用される言語の重要性に配慮して行われなければならない[7]（下線は引用者による）」とあり，継承語の重要性は指摘されている。ただし，その重要性は日本語教育の推進との兼ね合いから「家庭における教育」に配慮するという記述にとどまっている。

その一方で，継承語教育の重要性は，言語研究のレベルにとどまらず，民族文化の存続及び国家的戦略としてのマルチリンガル人材育成の面からも強く支持されてきている。そこには，継承語教育が必要とされるCLD児の教育をめぐる複数の問題がある。具体的には，継承語の果たす役割として，①思考力（認知力）の基礎，②アイデンティティ確立，③家族のつながり，④民族文化の維持，⑤言語的多様性の保障があるとされている[8]。

上記の継承語の役割のうち，特に③，④，⑤から考えても，CLD児は，共生が必要とされながらも，現実には共生が困難な日本社会にとって民族文化・民族言語と日本社会とを仲介する重要な役割を担っている。つまり，CLD児は日

7）文化庁「日本語教育の推進に関する法律の施行について（通知）」https://www.bunka.go.jp/seisaku/bunka_gyosei/shokan_horei/other/suishin_houritsu/1418260.html（2024年10月20日最終閲覧）。

8）文部科学省「研修用動画コンテンツ2　外国人児童生徒等教育の考え方」（前出）などを参照。

本文化・日本語のみならず多文化・多言語を理解し仲介する国際的な子ども，グローバル人材として捉えるべき存在だと筆者は考える。ただし，彼らは同時に日本社会の中では圧倒的にマイノリティの立場にあり，序で述べたように公教育の枠組みの中でしっかり支えていく必要があることも確かである。こうした観点から，CLD 児をめぐる背景としての日本の学校教育の課題をみていく。

1.1　多文化・多言語を背景とする児童生徒へのまなざしの不在

他者との共生をめざす教育のうえで，豊かな人間関係の形成，人権尊重，差別や偏見の低減，異文化の相互理解などを進めることは，子どもの発達を支える環境の整備として必要不可欠である。

しかし，学校教育の現状としては，すべての子どもに対する共生のための能力育成の実践の視点が曖昧（佐藤 2019）であることが指摘されている。とりわけ，序でも指摘したように，CLD 児への差別や偏見は厳然としてあり，そのために将来を切り拓くことができない子どもが現に存在する。また，CLD 児に対しては，国連人権規約を盾として教育を受ける権利は保障されてはいるものの，そもそも，学校教育上の基本的な教育方針がないことが問題視されてきた。

そうした中，ようやく社会としても，外国人材を日本の中でどう受入れ，定着させていくかという文脈（「外国人材の受入れ・共生のための総合的対応策」）の中で，「外国人児童生徒等」に対する教育が国家的課題として位置づけられるようになってきた。「外国人材の受入れ・共生のための総合的対応策」は，「外国人材を適正に受け入れ，共生社会の実現を図ることにより，日本人と外国人が安心して安全に暮らせる社会の実現に寄与するという目的を達成するため，外国人材の受入れ・共生に関して，目指すべき方向性を示すもの」で，「外国人材の受入れ・共生に関する関係閣僚会議」で施策が決定される。この点は，「外国人児童生徒等教育」を進める政府全体の枠組みが従来の短期的な施策から中長期的ビジョンに基づいた施策[9]へと転換してきたことにも表れている。中でも，ライフステージに応じた支援のうち，「乳幼児期」，「学齢期」を中心とした外国人に対する支援等として，「地方公共団体において，学校内外で外

9）出入国管理庁「外国人材の受入れ及び共生社会実現に向けた取組」。注5で既出。

国人児童生徒等の母語・母文化に配慮した取組を進める」とした5年後（2022年度から2026年度）の目標が組み込まれている点は特筆される。しかしながら，この枠組みはあくまで「支援」としての枠組みであり，そこにはCLD児を将来のグローバル人材として育成しようとする意図も国家的戦略も見いだせない。

そもそも，この「外国人児童生徒等」という呼称の問題がそこにはあるのではないだろうか。なぜなら，「外国人」という行政的な括りにおいては多文化・多言語環境に育つ子どもの多様性が捨象されてしまう恐れがあるからである。

1.2　将来を切り拓くことができない子どもの存在

「外国人児童生徒等」という呼称の問題に加え，不就学により将来を切り拓くことができない子どもが存在することは，文部科学省の2019年の全国調査により社会的にも大きくクローズアップされた。この時の調査では，義務教育相当年齢の「外国人児童生徒等」12万4,049人のうち，15.8%に相当する約2万人の不就学の子どもが存在することが日本社会に大きな衝撃を与えた。その後の2021年の同様の全国調査では，各自治体の不就学児対策が講じられた結果，13万3,310人中13,240人と，不就学の比率は1割程度に低下している。ただし，義務教育を受けていないことは，将来の社会生活や職業選択に直結する。この点において自力で将来を切り拓くことができる一部の子どもを除けば，不就学が社会生活の困難さにつながることは容易に想像がつくわけであり，問題の本質的部分は依然として残っている。

以上のように，子どもの将来と不可分なのが高等教育へのアクセスであるが，CLD児の高校進学に関する公開されたデータはない。そのため，高等教育へのアクセスを知るための手掛かりとして文部科学省の2019年及び2020年の全国調査をもとに，高校進学後の公立高校生全体と日本語教育が必要な生徒との比較を示した。これが表1である。表1では，日本語教育が必要な生徒に限定した数字になってはいるものの，中退率，非正規職に就いた者の比率，未進学・未就職者の比率は2019年度から2020年度にかけていずれも下がっている。逆に進学率は10ポイント近く上がっている。このように各自治体の取組もあり，日本語教育が必要な生徒の状況は1年間で改善が進んでいる。

表１　公立高校生全体と日本語教育が必要な生徒の比較

	公立高校生（2019 ➡ 2020）	日本語教育が必要な生徒（2019 ➡ 2020）
中退率	1.3% ➡ 1.0%	9.6% ➡ 6.7%
進学率	71.1% ➡ 73.4%	42.2% ➡ 51.8%
非正規職就職	4.3% ➡ 3.3%	40.0% ➡ 39.2%
未進学・未就職	6.7% ➡ 6.4%	18.2% ➡ 13.5%

ただし，公立高校生との比較においては，いずれの項目も劣っており，特に非正規職に就いた者の割合では，公立高校生全体が3.3%であるのに対し，日本語指導が必要な生徒は39.2%と10倍以上の数値になっている。高校におけるこの開きは，そのあとの進路や職業選択にも大きく影響を与えると考えられ，看過できない。

2. 子どもの将来を支える継承語教育

こうした，将来を切り拓くことができない子どもをめぐる問題を考えるうえで，前節で示した継承語の果たす役割を今一度確認してみる。継承語の果たす役割のうち，進学においては①の思考力（認知力）の基礎となるという点がまず重要である。

2.1　子どもの思考力の発達を支える継承語

継承語の習得が思考力の基礎となるという点については，バイリンガル研究者であるジム・カミンズ（J. Cummins）による言語の相互依存仮説が，その理論を支えている。相互依存仮説とは，第一言語（母語・継承語）が第二言語に転移することで第二言語の学習も助けられるとするものである。つまり，第一言語と第二言語がバランスを保って発達することが認知力の発達に好影響を及ぼす[10]。たとえば，教科学習に必要な概念や専門用語の理解が第一言語でなさ

10）ジム・カミンズ（2011）。ジム・カミンズは，言語認知・バイリンガル教育に関する理論の世界的権威。

れている場合は，学習言語能力の発達が促されやすい。つまり，生活言語能力のみの発達では，十分な思考力が育たないことになる。ところが，学校によっては日常生活で日本語が話せるからということで，日本語学習が不必要だと判断されるケースがある。CLD 児の人数が限られている学校ほど，そうした傾向にあることは否めず，思考力の十分な発達には，第二言語としての日本語学習，第一言語としての継承語学習双方が必要であることを訴え続ける必要がある。

2.2　母語・継承語支援・教育の現状

国内の継承語教育を俯瞰した場合，在留外国人集住地域などでは，家庭や小規模コミュニティのみならず学校教育でもポルトガル語，中国語などの母語支援員[11]の配置や派遣がなされている地域もある。とりわけ，日系の就労者が集住する地域である愛知県，浜松市などでは，取組が進む。たとえば，愛知県岩倉小学校にはポルトガル語教室及び日本語教室が開設され，浜松市教育委員会では，バイリンガル支援者が配置・派遣されている。自治体単位で見た場合，大阪府では小中高校に朝鮮語の「民族学級」が設置され，京都府，豊橋市，美濃加茂市等でもそれぞれの取組がなされている。

ただし，1 節で述べたように，これらはあくまで例外的で，上記の継承語の性格から，継承語教育は学校教育や社会教育の範囲外の教育であり，家庭で教えれば良いといった観念が強く働く性格を有すると言って良い。

そういった事情を反映し，継承語教育は，最初に示した役割のうち，②アイデンティティ確立，③家族のつながり，④民族文化の維持といった文脈から，従来は民族学校で行われてきた。横浜，東京，神戸，大阪の中華学校や朝鮮大学校のほか，インド，ブラジル語学校もある。その他，NPO 法人による母語教室の開設や，自治体，保護者等との連携がなされている場合もある。たとえば，

11）母語支援員とは，外国人児童生徒等の母語を話すことのできる支援者を指す。児童生徒・保護者と教師等の間の通訳や母語による学習の補助，相談支援などを行う。「帰国・外国人児童生徒等に対するきめ細かな支援事業」では母語支援員の配置等に対する支援が行われている（関西母語支援研究会）。https://education-motherlanguage.weebly.com/275973548625945329461239830740313501239221205215 21.html（2023 年 5 月 10 日最終閲覧）。

関西では，ポルトガル語，スペイン語，ベトナム語，韓国語・朝鮮語（ハングル）等の母語教室による母語・継承語支援が行われている[12]。福岡市内におけるベトナム語継承語教室に関しては，第8章により，初めてその概要を知ることができる。大学によっては，母語・継承語支援，教材の作成，人材の育成等の取組を行っているところもある。これ以外にも，必要性に迫られる形で母語・継承語の教室が開かれている事例は全国各地にあることが想像される。こうした家庭や小規模コミュニティにて行われている継承語教育の全貌をつかむことは困難であるが，本書では，第7章でシンハラ語，第8章でベトナム語の貴重な実践をそれぞれ知ることができる。

3. 母語・継承語支援・教育の国際比較

上記の日本国内の母語・継承語支援・教育と，海外における状況を比較した場合，どのような違いがあるのであろうか。中島（2017）は，移民政策の歴史が長い米国・カナダ・欧州連合（EU）における継承語教育の変遷について概観し，日本の現状を踏まえたうえで，継承語ベースのマルチリテラシー育成へ向けた方策を提言している。中島（2017）をもとに，以下，内容を要約して示す。

3.1　米国における継承語教育

まず，300年以上にわたる継承語の歴史がある米国においては，継承語教育の実践，研究，教材開発，教員研修等各方面で豊かな実績がある。そのうち，特に有用な点は，継承語を使った英語補強プログラム（ESL：English as Second Language）が公教育の中に埋め込まれていることである。ESLには，①「移行型バイリンガルプログラム」（Transitional Bilingual Program），②「発達・維持型バイリンガル教育プログラム」，③「双方向イマージョンプログラム」（Two-way Immersion Program）の3つがある。それぞれ，①一時的に移住児童生徒の継承語を使って教科を教える，②先住民言語の継承を目指して長期的に継承語を教科学習に用いる，③継承語と現地語の両言語を使って教科学習をする，

12）母語・継承語支援の詳細は，関西母語支援研究会ホームページ参照。注11で既出。

というものである。これら3つのプログラムの比較では，「双方向イマージョンプログラム」が「英語の読解力，算数，スペイン語の伸びが最も顕著で，中退する子どもの数が最も少なかった」との報告があるという。このプログラムの強みは，第1に「学校内で現地語と継承語が学習言語として同等の価値付けがなされていること」，第2に，「継承語プログラムが公教育の中に埋め込まれているため，学校の成績や統一テストの結果を使った縦断研究が可能になること」，第3に，「継承語教育が言語教育一般の中で，一定の社会的ステータスを得ていること」が挙げられている。

3.2　カナダの多文化主義と継承語教育

次に，継承語教育の発祥の地と言われるカナダについては，1971年に当時の連邦政府が「英仏バイリンガリズムの枠内における多文化主義」政策を打ち出したことが継承語教育にも大きく作用している。これにより，一日のうち半日は継承語を使って教科を学ぶ継承語と英語のパーシャル・イマージョン教育が始まった州もある。1972年には，連邦政府総務省の中に多文化統括局（Multiculturalism Directorate）が設置され，民間の継承語教育への財政的支援が始まった。1980年代には，前出のジム・カミンズによる継承語資源説（「継承語教育はカナダの言語資源，社会・経済的資源を豊かにするものであり，将来国際貿易や国際外交の第一線で活躍できる貴重な人材育成に繋がる」）の提唱が公的な支援の正当化に貢献した。

1990年代に入ると，財政逼迫による連邦政府の民間継承語プログラムの打ち切り，州の「継承語」プログラムの「国際語」プログラムへの編入が起こる。2000年中期以降はバイリンガル・マルチリンガル育成に関する理論的研究の大きな進展を背景に，ESLや学習指導要領で継承語の重要性が強調され，カナダ各地の公立校において継承語を意図的に使用するプログラムが行われている。

3.3　欧州連合（EU）の複言語主義と継承語教育

最後に，EUについては，「ヨーロッパ言語共通参照枠（Common European Framework of Languages, CEFR）」（ヨーロッパ評議会，2001）に通底する複言語主義の観点から継承語教育の特徴を捉えている。多言語主義が国や社会の中に複数の言語が共存することを認める枠組みであるのに対し，複言語主義は，言語を個人の資産と捉え，個人の複数の言語使用に焦点を当てるものである。こうした理念的枠組みが欧米の継承語教育を支えてきたと言ってもよい。

たとえば，トロント大学のCEFRの専門家・Piccardo（2014）は，複言語主義の言語観を7項目にまとめている。これを簡略に示せば，①「モノリンガル志向」から脱却すべきであること。②すべての言語話者が複数言語話者であること。③複数の言語を母語話者レベルまで育てようとする必要はなく，また，それは極めて困難なことであること。④標準語だけではなく，地域共通語（方言）や年齢・性別・職業などによって生じる使用域・レジスター（言語変種）も言語と考えるべきこと。⑤複言語主義と複文化主義とは切っても切れない関係にあること。⑥複数言語は別個に存在するのではなく，複雑に絡み合いながら存在すること。⑦継承語学習者の場合は，特に継承語が貴重な財産であり，［将来に向けて］多大な可能性を持つ大事なリソースであることに「気づく」ことが何よりも肝要であること。

以上のように，国の政策に関わりなく，個人が選択するのが複数言語であるがゆえに，この「気づき」が複言語主義の中核にある概念だとされる（Piccardo 2014：203）。ただし，CEFRには継承語教育自体の明示的説明はない。そのため，CEFRにおける継承語教育の位置づけを複言語主義との関係からさらに確認してみる。CEFRの理念としてあるヨーロッパ域内の人的交流の促進には，生涯学習としての言語教育・学習，民主的ヨーロッパ市民のアイデンティティの形成が必要とされる。その目標達成のためには，個々人が家庭内の言語，つまり継承語から社会全般での言語，それから他の民族の言語といった言語同士の相互作用を通して，言語知識や経験を総動員しながらコミュニケーション能力を高めていく[13]。こうした意味で，CEFRに通底する複言語主義，少数言語の尊重は，学齢期前の継承語教育を起点に生涯にわたる言語教育・学習を支えるものとして捉えることができる。

13）欧州評議会（2014）pp. 3-6及びCouncil of Europe（2018）を参照しつつ要約した。

3.4　継承語教育の国際比較から示唆されること

以上，米国・カナダ・EU の国際比較からは，社会的な継承語の位置づけとしても，現地語と継承語が同等の伸びを期待できるという実践知としての観点からも米国の「双方向イマージョンプログラム」から示唆される点が大きいことがわかった。また，カナダのバイリンガル・マルチリンガル育成に関する理論的研究の大きな進展は，学習指導要領における継承語の重要性の認識を高め，公立校において継承語を意図的に使用するプログラムの発達にも貢献している。中島（2017：18）では，カナダの英仏バイリンガル教育と EU の継承語教育の根底にある複言語主義の言語観を比較し，カナダでは「社会が必要とするバイリンガル人材の育成という社会的要請があるためか，限りなく母語話者に近い言語能力の獲得が到達目標となっている」点が母語話者レベルの言語能力を求めていない EU と大きく異なる点を指摘している。また，日本語補習校が日本語のみに注視した「モノリンガル志向」の教育の場になっている点を問題視し，「今後日本が必要とするグローバル人材の育成のためには，現地校の教育も視野に入れて複数言語育成の役割の一端を担うという『マルチリンガル志向』の教育の場に転換する必要がある」点を指摘している。

以上のことから示唆される点は，Piccardo（2014）の主張と重なる。つまり，今後，日本が大量の移民を迎える多文化・多言語社会を志向していくのであれば，「その多言語性を保持する上で，個人の資産としての複言語主義と，社会体制としての多文化主義との両方が必要（Piccardo 2014：204-205）」になってくる。加えて，継承語が放置すれば1世代で消滅するものであることを踏まえれば，社会の優勢言語（日本の場合は日本語）に吸収されてしまわないように，公教育における多文化性・多言語性を維持する枠組みづくりの必然性が高まっていくということである。

序では，こうした課題を地域課題としてどう取り組むか，日本型モデルの模索について触れたが，本章では，公教育における多文化性・多言語性を維持する枠組みづくりとして検討してみる。ただし，日本には社会体制としての多言語主義，つまり言語政策や理念的枠組み自体が存在していない。そのため，言語を「資産」として捉える複言語主義についての認識や，CLD 児の教育が成功するための鍵として欧米で盛んに行われているトランスランゲージング

(Translanguaging，以下TL）教育[14]が浸透していく土壌にも乏しい。そうした意味で言語政策や理念的枠組みの不在は大きいと言わざるをえない。では，実際，日本の文脈において公教育からこれらの課題にアプローチしようとする場合，何が課題解決の手掛かりになるのか，具体的に教育実践の現場から考えてみたい。

4．大学院での教育実践から継承語教育を考える

以上の継承語教育・支援の現状を踏まえ，事例として九州大学大学院の必修科目「地球社会統合科学」[15]で取り組んでいる継承語教育をテーマとした教育実践についてみていく。

4.1　PBL（Project Based Learning）型授業[16]を通して考える地球的諸課題

本科目は，本大学院の共通科目，つまり，地球社会の諸課題とそれを対象とする学問の研究技法を包括的に学ぶ必須の科目群のうちの一つである。

本科目の目的は，地球的諸問題や現代社会の諸課題への学際的な関心を涵養するとともに，地球社会を舞台に活動するための問題解決型のアプローチの基礎を学ぶことである。具体的には，PBL型授業を経験することを通じて，幅広い視野から問題を学術的に検討する能力とともに，多様な専門的関心を持つ人々と柔軟に連携しながら問題解決に取り組む実践力の育成を目指す。

この教育目標に即し，クロスロード[17]による手法が活用されている。クロス

14）トランスランゲージングとは，同一会話内でフレキシブルに複数の言語を用いることをさす（Ofelia García, and Li Wei 2014)。TL教育はCLD児が母語・第二言語を含め，自身の言語レパートリー全体を使って学習し，学んだことを発揮することを奨励する教育をさす（オフィーリア・ガルシアほか2024：43)。

15）大学院の目的，本科目の目的については，科目のシラバスからの引用である。

16）PBL（Project Based Learning）は，文部科学省が提唱するアクティブラーニングのひとつで，「問題解決型学習」「課題解決型学習」とも呼ばれ，学習者が自ら問題を見つけ，さらにその問題を自ら解決する能力を身に付ける学習方法のこと。

17）内閣府：災害対応カードゲーム教材「クロスロード」（減災への取組)。https://www.bousai.go.jp/kyoiku/keigen/torikumi/kth19005.html（2024年10月24日最終閲覧)。

ロードは元々減災への取組のひとつとして開発された災害対応カードゲーム教材であるが，学校教育の教科教材をはじめ，各種研修や教員など人材養成の方法としても活用されている。ここでの地球的諸問題や現代社会の諸課題は，学府を構成する6コースから参画する教員がそれぞれ設定している。

本授業の概要については，三隅（2021）に詳しい解説がある。このグループディスカッションでは，グループとしての意見をまとめはするが，多数決でどちらかの意見に統一しようとするものではない。より良い課題解決の方法を探るために，グループメンバーによる議論が深まることを目的としている。そのための仕組みとして，各自が意見を開陳する機会は2回ある。1回目はクロスロードの問題に対し，直観で賛成か反対かの見解と，その理由を述べていく。2回目は教員が提示した2つの観点に分かれて各資料を読み，議論した内容を踏まえて，元のグループでその内容を共有し合う。次いで，教員が問題の学術的背景，2つの観点それぞれの意図について解説を行う。そのうえで，2回目のクロスロードゲームを実施し，グループとしての「Yes」「No」の見解とそれに関する見解を述べていく。最終的に学生は，個人ワークシートに個人の考えや意見を記録し，グループワークシートにはグループとしての争点や賛成・反対のそれぞれの見解等がまとめられる。

設定されたディスカッションテーマは，ODA政策における優先順位，地球温暖化政策における二酸化炭素削減量，私的空間での喫煙禁止の是非，公立小学校における中国語クラス設置の是非，技術革新のもとでの「正常」な命の定義，出産前遺伝子診断の受診といったものである。

4.2　教育実践を通してみえてきた継承語教育の課題

本コース（言語メディアコミュニケーション）では，公立小学校における中国語クラス設置の是非に関するテーマを設定している。相対立する2つの観点として，ひとつは継承語の習得が思考力の基礎となることを支える理論である，前出のカミンズの相互依存仮説，もうひとつの観点は，文科省の母語・母文化の重要は尊重しながらも，日本語習得を第一義とする指針を取り上げた。具体的な内容は以下のようなものである。

> あなたは，外国ルーツの子どもも多数在籍する福岡市内の小学校の校長です。学校の中で，外国ルーツの子どもとして最も在籍者数の多い中国ルーツの子どもの保護者から，放課後の課外クラスとして中国語クラスを開講してほしいという強い要望が出ています。しかし，教員の多くは日本語学習・日本文化理解が先決であると考えており，中国ルーツの子どもの保護者以外の保護者からは中国語よりも英語の学習に力を入れてほしいという声が多くあがっています。あなたは中国語クラスの開講を進めますか。　Yes　or　No

グループワークを通したディスカッションの概要は以下のようなものである。まず，中国語クラス開講に賛成の意見としては，当該の子どもが自身の文化・言語を学び，ルーツを学ぶ機会になる，ルーツにアクセスする権利があるといった，子ども本人にとっての母語・継承語の重要性が指摘されている。また，学校生活においては，他の子どもにとっても多文化を理解できる機会となる，言語資源を増やすことにつながるといった理由が挙げられている。さらには，強制ではなく希望制にすれば良いといった折衷案的な提案もなされた。

一方，中国語クラス開講に反対の意見としては，講師となる人材の専門性の担保や経費，教員にかかる負担，教室の運営面や管理面の困難さがまず挙げられている。次に，優先順位として必修化が進む英語の優先度や文科省の指針としての日本語の優先度を挙げる意見がある。さらには，個別の言語学習を取り上げることは公平性に欠けるものである，課外のクラスであれば，様々な言語も学べるクラスにするほうが良いといった，さらに踏み込んだ意見も見られた。

おわりに――社会にとっての課題と継承語教育の役割との接点

以上のように，学生のディスカッションでは，様々な観点からの意見が述べられ，継承語教育をめぐってより良い解決の糸口も付けられていく。母語・継承語についての既有の知識がなかった学生に対しても相互依存仮説の解説をとおして，子どもにとっての母語・継承語が認知力の発達に不可欠であるとの知識を共有することは可能である。また，「小学校の校長」という「当事者」の立場で課題を考えることは，課題解決に向けた具体的議論とその道筋を疑似体験することにつながる。一方で，2つの観点からの資料の内容を共有し，それに関する解説を行ったあとも，考えや意見が変わらない学生が少なからず存在する。ただし，ここでのテーマ設定の意図は必ずしも，全員が中国語クラスの開講に賛成という意見の一致をみることではない。

ここで考えるべきは,「平等性」や「公平性」という「正義」が振りかざされることでジレンマが残ることである。個々の子どもにとっての母語・継承語の重要性は理解できたとしても，学校全体，社会全体にとっての継承語教育の役割というものが共有されにくい状況にあるのである。これは，最初に述べたように，継承語教育が学校教育や社会教育の範囲外の教育であり，家庭で教えれば良いといった観念が強く働く性格を有することと関連すると言って良い。

そこには，個か集団かという立場の違いにより大きく2つのジレンマが生じる。ひとつは，CLD児をめぐる背景が個々に異なる様相を呈しているがゆえに，継承語教育が社会で考えるべき課題としては認識されにくく，個別の課題と捉えられがちであるということである。そのために，数が少ない対象に対して経費や人材配置を行うことに対するコスト面，運営管理面の不利益性がやり玉にあげられやすいという問題がある。2つ目は，日本の学校文化の多様性を尊重しようとしない「一斉共同体主義」（恒吉1996：231）であり，日本の学校にある「同化を強いる風土」（志水2002：74-75）である。

では，こうしたジレンマの解決にはさらに何が必要とされるのであろうか。たとえ，特別なクラスを設定せずとも，個々の子どもの言語や文化を尊重しようとする意識や考えが教師や学校の風土の中にあれば，既存の授業の中でも，多様性を尊重した教材や授業づくりは十分に可能なはずである。実際，筆者が見聞した福岡市の日本語指導担当教員の取組の中には，それぞれの教科の単元をとおして，CLD児それぞれの特質や個性を生かした授業実践が数多くなされている。こうしたCLD児の特質や個性を生かした授業実践が積み重ねられていくことはおそらく，学級や学校，ひいては社会の風土を変える一助となっていくに違いない。

一方で，CLD児のいる学級は多様性のある学びの多い教育空間になるとの視点から，在籍学級の担任教員の立場から学校全体でCLD児を受け入れる体制をつくるのみならず，授業実践に取り組んだ大分県中津市立の小学校の事例もある。本事例では，中津市に住む誰もが安心して幸せに暮らせるようにという担任教員の願いのもと，「総合的な学習の時間」を使ったプロジェクトとして子どもたちが多文化共生のテーマに取り組んでいる。これは地域の構成員として共に生きることはどのように可能かということに挑んだ教員と子どもたちの取組の事例でもある[18)]。このプロジェクトの流れは，子どもたちの「外国からの移住者は他と比べて（困った時に解決する）手立てが足りない」という気づきから保護者へのアンケートを行い，在留外国人を含めた地域住民の困り感や願いを聴き，「みんなが一緒に安心して暮らせる」ためのアイデアを出し合い，それを中津市に提言するというものである。

調査を通した子どもたちの気づきとして重要なのは，地域住民双方が不安や不満を多く抱いているがゆえに，双方の困り感を解決し，「双方が幸せだと思える方法を見つけなければ安心して暮らせるようにはならない」という点であった。つまり，子どもたちは自身の生活世界に存在する人との関わりを重ねることにより，対象者の抱える問題を自身の問題と捉えるようになり，困っている人を「支援」するのではなく，ともに解決のための行動を起こす仲間になっていく。具体的には，子どもたちの提案は，保護者企画の「親子ふれあい活動」として実施され，在留外国人と一緒に行動することはお互いの恐怖心や不安の軽減へとつながっていった。この事例からわかることは，「当事者性[19)]」を高めていくことが課題解決に向けた行動へと，人と人をともに向かわせる可能性を高めるということである。「当事者性」を高める体験をするという観点からは，本章で事例として示した大学院の PBL 型授業もこれにあてはまる。

ここで，我々が考えるべきは，中津市の事例に見られるように，当事者性を高める取組を学校教員や学校教育だけに委ねるのではなく，大学も含め社会における課題としてともに考え，その手立てを具体的につくっていくべきではないかということである。このように考えていくと，学校の社会とのつながり方

18) 原瑞穂（2023）に，本プロジェクトの報告と多文化共生における意義づけがなされている。

19) 当事者性とは，「当事者」またはその問題的事象と学習者との距離感を示す相対的な尺度。心理的・物理的な関係の深まりを示す度合いをさす（松岡 2006：18）。

としては，それぞれの持ち場を崩さない「連携モデル[20]」よりも，社会の多様なものを取り込むことにより学校文化にも多様化への変化を促す「協働モデル」のほうが望ましいと言える。

なぜなら，学校のみならず社会の中にも，多様な文化や言語を異質なものとして排除する「同化を強いる風土」は厳然としてある。多様性を排除するのではなく，社会資源として尊重していく姿勢を有するか否かは我々自身に突きつけられている課題でもある。その課題に応えるためには，当事者性を高める必要があるが，まずは，学齢期前の段階からCLD児一人ひとりの文化や言語が日本の今後の社会にとってかけがえのない「資産」であるとする「まなざし」を社会の中に育んでいくことが必要である。それは，ちょっとした挨拶の交換でも，その文化・言語への興味関心でも良い。言うなれば，継承語や継承語教育は日本社会の寛容度を測るバロメーターのひとつである。寛容度が高く，多様性を容認する姿勢は，「安心して暮らせる」住みやすい地域づくりにつながることを，序で紹介した豊後高田市や，この中津市の事例が教えてくれる。そうした多文化・多言語尊重の環境づくりの中で，親や子ども自身も，自身の文化・言語の重要性・希少性に「気づく」ことが肝要である。気づかなければ，マイノリティ言語は1代で消失してしまう危うさを元々持っているのである。

以上，見てきたように，今後，超少子高齢化社会・日本の中で，在留外国人が地域社会の担い手となって社会の中で活躍してくれる未来を描く時，モノリンガルからマルチリンガルへの転換，すなわち，多様な文化や言語を許容し，尊重する社会へと日本社会が転換していくことが不可欠である。なぜなら，いずれの国でも将来の社会や国づくりを担うのは子どもたちである。そして，その子どもたちをグローバル人材として育てるのに，国籍も人種も民族も関係ない。その鍵となるのが，まさしくマイノリティ言語を資産として尊重する継承語教育である。資源に乏しい日本社会が存続していくためには，明治期の日本が，近代化を担う人づくりから国家づくりを成し遂げていったように，マイノ

---

20)「連携モデル」は既存の学校文化を変えることなく，学校外の協力を得ようとする。これに対し，「協働モデル」は保護者・地域の多様な思いや校種間の教育観の違いを取り込むやり方であり，違いが取り込まれることで学校文化にも変化が起こる（若槻2011）。

リティ言語を社会的な「資産」として尊重し育てる機運を社会の中で醸成しつつ，国家的戦略として多文化・多言語環境に育つ子どもを将来のグローバル人材として育成しようとする教育戦略が国策上も求められていく。

参考文献

Council of Europe（2018）COMMON EUROPEAN FRAMEWORK OF REFERENCE FOR LANGUAGES: LEARNING, TEACHING, ASSESSMENT COMPANION VOLUME WITH NEW DESCRIPTORS.

Cummins, J.（2014）Mainstreaming plurilingualism: Restructuring heritage language provision in schools. In P. P. Trifonas & T. Aravossitas.（Eds.）Rethinking heritage language education（pp. 1-19）. Cambridge, UK: Cambridge University Press.

Piccardo, E.（2014）The impact of the CEFR on Canada's linguistic plurality: A space for heritage languages? In P. P. Trifonas & T. Aravossitas（Eds.）, Rethinking heritage language education, pp. 183-212, Cambridge, UK: Cambridge University Press.

オフィーリア・ガルシア，スザンナ・イバラ・ジョンソン，ケイト・セルツァー著；佐野愛子，中島和子監訳（2024）『トランスランゲージング・クラスルーム―子どもたちの複数言語を活用した学校教師の実践―』明石書店 / Ofelia García, Susana Ibarra Johnson, and Kate Seltzer（2017）The Translanguaging Classroom: Leveraging Student Bilingualism for Learning, Philadelphia, PA: Caslon.

欧州評議会・訳編 吉島茂・大橋理枝他（2014）『外国語の学習，教授，評価のためのヨーロッパ共通参照枠・追補版』https://www.goethe.de/resources/files/pdf191/cefr31.pdf（2024 年 2 月 19 日最終閲覧）。

外国人児童生徒等の教育の充実に関する有識者会議（2022）「外国人児童生徒等の教育の充実について（報告）」https://www.mext.go.jp/content/20200326-mxt_kyousei01-000006202_02.pdf（2024 年 10 月 20 日最終閲覧）。

関西母語支援研究会ホームページ https://education-motherlanguage.weebly.com/27597354862594532946123983074031350123922120521521.html（2023 年 5 月 10 日最終閲覧）。

厚生労働省『技能実習制度及び特定技能制度の在り方に関する有識者会議　最終報告書（令和5年11月30日）』https://www.mhlw.go.jp/content/12602000/001175913.pdf（2024 年 1 月 22 日最終閲覧）。

佐藤郡衛（2019）『多文化社会に生きる子どもの教育―外国人の子ども，海外で学ぶ子どもの現状と課題』明石書店

志水宏吉「学校社会の多文化化」（2002）宮島喬・加納弘勝編『国際社会〈2〉変容する日本社会と文化』東京大学出版会，69-92.

ジム・カミンズ；中島和子訳著（2011）言語マイノリティを支える教育，慶應義塾大学出版会；Cummins, J.（1996）Negotiating identities: Education for empowerment in diversesociety. Ontario, CA: California Association for Bilingual Education.

出入国管理庁「外国人材の受入れ及び共生社会実現に向けた取組」（令和 6 年 9 月 30 日更新）。https://www.moj.go.jp/isa/content/001335263.pdf（2024 年 10 月 20 日最終閲覧）。

出入国在留管理庁「特別高度人材制度（J-Skip）・未来創造人材制度（J-Find）について」

https://www.moj.go.jp/isa/publications/materials/nyukan_nyukan50_00002.html（2024年1月23日最終閲覧）。
出入国管理庁「特定技能制度」https://www.moj.go.jp/isa/applications/ssw/index.html（2024年10月20日最終閲覧）。
総務省ホームページ「外国人との共生社会の実現に向けたロードマップ」https://www.moj.go.jp/isa/policies/coexistence/04_00033.html（2023年5月16日最終閲覧）。
政府統計の総合窓口「日本語指導が必要な児童生徒の受入状況等に関する調査結果の概要」（令和3年度）https://www.e-stat.go.jp/stat-search/files?tclass=000001159321&cycle=0（2024年2月12日最終閲覧）。
恒吉僚子（1996）「多文化共存時代の日本の学校文化」堀尾輝久・久冨善之他（編）『講座学校6 —文化という磁場—』柏書房，216-240.
内閣府：災害対応カードゲーム教材「クロスロード」（減災への取組）。https://www.bousai.go.jp/kyoiku/keigen/torikumi/kth19005.html（2024年10月24日最終閲覧）。
中島和子（2017）「継承語ベースのマルチリテラシー教育：米国・カナダ・EUのこれまでの歩みと日本の現状」『母語・継承語・バイリンガル教育（MHB）研究』13号，1-32.
原瑞穂（2003）「外国系児童の教科学習に対する小学校教員の認識—相互依存仮説の観点から—」『言語文化と日本語教育』(25)，お茶の水女子大学日本言語文化学研究会，39-53.
原瑞穂（2023）「第10章 総合的な学習の時間と多文化共生」林康成監修，釜田聡・松井千鶴子・梅野正信編著『総合的な学習の時間の新展開』，ミネルヴァ書房，101-112.
久富義之（1996）「学校文化の構造と特質—『文化的な場』としての学校を考える」堀尾輝久ほか編『学校文化という磁場』柏書房，7-41.
文化庁「日本語教育の推進に関する法律の施行について（通知）」https://www.bunka.go.jp/seisaku/bunka_gyosei/shokan_horei/other/suishin_houritsu/1418260.html（2024年10月20日最終閲覧）。
真嶋潤子（2019）「外国語教育における到達度評価制度について：CEFR初版2001から2018補遺版CEFR-CVまで」『外国語教育のフロンティア』2，1-13.
松永典子（2016）「日本の学校における文化スキーマについての考察—日本語指導担当教員，帰国・外国人児童生徒の保護者，留学生ボランティアへの聞き取りから—」『多文化関係学会第15回年次大会抄録集』18-21.
松永典子編著（2022）『学校と子ども，保護者をめぐる多文化・多様性理解ハンドブック（第3版）』金木犀舎
松岡廣路（2006）「福祉教育・ボランティア学習の新機軸－当事者性・エンパワーメント－」『日本福祉教育・ボランティア学習学会年報』vol.11，8-25. https://www.jstage.jst.go.jp/article/jaassj/11/0/11_KJ00005291124/_article/-char/ja/（2024年9月28日最終閲覧）。
三隅一人（2021）「クロスロード」を活用した社会学教材の開発，第6回震災問題研究交流会研究報告書6，21-26.
文部科学省（2019年6月17日）「外国人の受入れ・共生のための教育推進検討チーム報告〜日本人と外国人が共に生きる社会に向けたアクション〜」http://www.mext.go.jp/component/a_menu/other/detail/__icsFiles/afieldfile/2019/06/17/1417982_02.pdf（2023年5月10日最終閲覧）。

文部科学省「研修用動画コンテンツ2　外国人児童生徒等教育の考え方」文部科学省委託「日本語指導が必要な児童生徒等の教育支援基盤整備事業（動画コンテンツ開発）https://www.mext.go.jp/content/20210412-mxt_kyokoku-000014129_02.pdf（2023年5月15日最終閲覧）。
文部科学省「日本語指導が必要な児童生徒の受入状況等に関する調査」（2018）https://www.mext.go.jp/content/20200110_mxt-kyousei01-1421569_00001_02.pdf（2023年5月10日最終閲覧）。
労働政策研究・政策機構「技能実習制度に替わる新制度を導入」https://www.jil.go.jp/kokunai/blt/backnumber/2024/01_02/top_03.html（2024年1月23日最終閲覧）。
若槻健（2011）「第3部『つながり』が生む学校の力」志水宏吉・若槻健編『「つながり」を生かした学校づくり』東洋館出版社，243-266.

結語

日本社会と継承語教育

――国際化とインクルーシブ教育の観点から――

郭　俊海

本書に収録されている論考や事例研究は，2023年12月2日に開催された『第6回日本語日本文化国際大会―多文化多言語共生と日本語日本文化―』（於九州大学）の基調講演の一部や分科会「多文化共生と継承語教育」における口頭発表をもとに，必要な修正や追加を行い，より包括的かつ体系的な形でまとめたものである。われわれが目指したのは，日本における継承語教育という問題を法制度や政策，文学研究，バイリンガリズム，言語習得と心理，異文化コミュニケーション，アイデンティティ，母語教室と言語資源及び具体的な教育実践といった多様な領域から捉え，その意義と課題を浮き彫りにすることであった。

国際化の進展に伴い，世界はますますつながりを持ち，異なる文化や言語との交流が盛んになってきている。日本も例外ではない。在留外国人の比率が増加し，学校には異なる文化や言語背景を持つ子どもたちが増え，日本社会の多言語化や国際化が着実に進みつつある。多文化共生や国際理解を促進するための取り組みが喫緊の課題として突きつけられていることが背景にある。

本書では，継承語としての日本語，中国語，ベトナム語，シンハラ語の教育実践や，中国延辺朝鮮族の中学生の中・朝両言語に対する意識やその使用状況を例として，日本社会における継承語教育の現状，課題について考察を行った。その結果，国際化が進む現代において，母語・継承語教育への支援は，多様な言語的文化的背景を持つ子どもたちが自己実現を目指し，社会で活躍するための支援として不可欠であり，それがインクルーシブ教育の重要な目標でもあるということをあらためて確認した。以下では，各章での議論を振り返りつつ，国際化とインクルーシブ教育の観点から，日本社会における継承語教育の意義と課題を整理し，それに基づいて具体的な提言を示したい。

継承語教育の意義

まず，インクルーシブ教育の観点から，公教育において母語・継承語の教育を支援することは，多文化多言語の子どもたちに教育機会の均等を確保する上で重要である。インクルーシブ教育の理念は，多様な背景を持つすべての子どもたちの学習権を保障し，公平で平等な教育機会を確保し支援するものである。継承語教育は，多文化多言語の子どもたちが自らの文化や言語を学びながら，社会の多様性を尊重する姿勢を養うことにもつながる。継承語教育の支援は，すべての子どもにとって有益な学習環境を提供し，教育格差の解消や個別のニーズに応じた教育の実現を促進するものである。

また，本書全体を通じて共通して浮き彫りになったのは，継承語教育が単なる言語習得を超え，自己アイデンティティの確立と母文化との結びつきを深める上で極めて重要な役割を果たすという点であった。継承語は，多文化多言語の子どもにとって，自己を理解し表現するための手段であり，家族や親族との文化的・情緒的なつながりを築く大切な要素となる。特に，家庭内で話される継承語や多様な文化背景は，子どもたちの成長に大きな影響を与えるだけでなく，多文化的なアイデンティティの育成やスムーズな社会適応にも不可欠である。継承語を学ぶことで，自己理解や異文化理解が深まり，多様な視点を持つことができるようになる。これにより，日本社会が国際化を進める中で，他文化理解や共生の推進に貢献することが期待される。

近年，日本では外国人労働者の受入れ拡大により，多様な文化背景を持つ人々が増加してきている。この国際化の進展は，従来の単一民族・単一言語とされてきた日本社会のあり方を再考し，文化や言語の多様性を尊重する新たな社会構造を生み出す契機となる。また国家戦略の観点からも，複数の文化的・言語的資源を有することは極めて重要である。多文化・多言語的な人材の育成は激化する国際社会における競争力を強化するための不可欠な要素と言える。

継承語教育の課題と提言

日本における継承語教育の問題点として，以下が挙げられる。

まず，政策面では，法制度の整備と教育支援の強化が遅れていることである。現状では，日本の法制度において多文化・多言語の子どもの学習権が十分に保障されておらず，公正な教育支援が確保されていない。行政による介入と法的な学習権保障の仕組みを構築し，すべての子どもが平等に教育を受けられる公平な教育環境を構築することが喫緊の課題である。

次に，現行の教育システムが多様性に対応していないことも問題である。外国籍生徒や多言語環境で育った子どもたちへの特別な支援が不十分であり，彼らのニーズに応じた教育プログラムやカリキュラムが整備されていない。また，学習上の障壁を乗り越えるための具体的な手立てが講じられていない。

さらに，教員の専門知識とスキルの欠如も大きな課題である。多文化教育やバイリンガル教育に関する研修が十分に行われておらず，教員自身が異なる文化や言語に対する理解を深める機会が限られている。このため，実際の授業において効果的な指導を行うことが難しい状況に直面している。

最後に，家庭，地域，学校の連携が十分ではなく，継承語教育に対する社会全体の意識や理解が高いとは言えない。そのため，子どもたちの継承語教育が孤立したものとなり，学びの場が限られている状況にある。

これらの課題を克服するためには，包括的なアプローチが求められている。具体的には，以下の提言を行いたい。

まず，国や行政レベルで介入し，法的な学習権保障の仕組みを構築し，すべての子どもが平等に教育を受けられる環境を整備する必要がある。また，教育システム全体を見直し，多文化共生や異なる言語・文化の尊重を明確に位置づけた包括的な教育目標や方針を策定することが求められる。具体的には，学校教育における多様な生徒に対する支援を行うためのガイドラインの策定や支援体制（システムと人員配置）を整備し，学校現場における実践を促進する必要がある。現時点では，継承語教育を公教育に正式に位置付けるのは現実的ではないが，正式なカリキュラム外での補助的な特別プログラムを提供することが考えられる。例えば保護者やボランティア教師による放課後や週末，祝日を利用した学習機会の提供があげられる。

また，教育現場では，従来の日本語指導を単なる「日本語支援」とみなす枠組みを打破し，バイリンガル教育や国際教育の一環として学校教育に位置づけ，カリキュラムや教授法などを整備することが求められる。さらに，教員の専門知識の不足に対処するためには，教員養成プログラムと研修の充実を図る必要がある。具体的には，異文化理解やバイリンガル教育に関する理論と実践を学ぶ機会を増やし，大学での教員養成プログラムを見直し，継続的な研修を強化することが重要である。

さらに，政府と地域社会，家庭と学校，民間団体などの連携が不可欠である。母語・継承語教室や母文化・継承文化イベントの開催，教材の提供，ボランティア活動なども重要である。社会全体での理解と支援のもとで，生徒，保護者，教師，学校関係者，地域社会など，教育に関わるすべての関係者が協力して学習環境を構築することが求められる。このような協力により，多様な言語的背景を持つ生徒たちが平等に教育を受けられる環境が整備されることが期待されるであろう。

本書の刊行に当たり，査読者の皆様から貴重なご助言を頂きました。また，企画段階から刊行に至るまで九州大学出版会の奥野有希氏，尾石理恵氏には多大なるご尽力をいただきました。心より感謝申しあげます。なお，本書はJSPS科研費（21K00788；19K13238）の助成により刊行されたものです。ここに記し感謝の意を表します。

最後に，本書が日本における多文化・多言語環境に育つ子どもたちの継承語教育や国際教育に関する議論を深める一助となれば幸甚です。

執筆者略歴

編者

松永典子（まつなが　のりこ）…… 序・第9章

九州大学名誉教授。九州大学・博士（比較社会文化）。高校教諭時代の青年海外協力隊（マレーシア・日本語教師）参加が多文化・多様性の豊かさや楽しさを知る原点となり，日本語教育，多文化共生教育に携わる。地域社会との連携活動を通して日本語指導が必要な児童生徒対象の教育研究会に参加する機会を得，子どもの日本語教育，継承語教育について学ぶ。それが縁で，「児童生徒等に対する日本語教師研修」（文化庁・現文部科学省）の運営委員やコーディネーター等，子どもの日本語支援者養成に関わる。日本社会の将来を支える子どもの教育，とりわけ日本社会の包摂性を高めるためには継承語教育が重要であると考える。

郭　俊海（かく　しゅんかい）…… 第2章・結語

九州大学留学生センター，同大学院地球社会統合科学府，共創学部・教授。シンガポール国立大学・Ph.D（応用言語学）。二人の子どもはシンガポール生まれ，家族とともに多様な言語や文化に囲まれた生活を送る中で，多様な言語や文化への関心を深めた。家族と来日後，家庭では母語と日本語のバイリンガル教育を実践しながら，福岡市中国人コミュニテイの週末母語学校の運営にも関わるなど母語・継承語教育の実施に取り組むが，その難しさや重要さを痛感。大学院の授業では，この課題が日本社会全体にとって重要であることを認識し，院生たちとともに多言語教育や継承語教育に関する議論を深めている。

柳瀬千恵美（やなせ　ちえみ）…… 第6章

元九州大学大学院比較社会文化研究院特別研究者。九州大学・博士（学術）。津田塾大学学芸学部国際関係学科卒後，教職等を経て，1992年から20年あまり中国北京市在住。中国人元夫との間に生まれた2人の子どもの育児で国際結婚家庭特有の問題に悩むが，「中国人男性と結婚した日本人女性の会」と出会い，同じ悩みを抱えた人たちとの交流が始まる。そこで子どもに日本語や日本文化を伝えたいという母親が集まり子ども会活動を始め，現在もその活動は健在である。自身の子育てを振り返る中で「継承語」という言葉を知り，継承語に関わる母親たちの経験を役立てたいと考え，九州大学大学院に進学。学位取得後も継承語の研究に専念するため特別研究者として在籍した。

執筆者

波潟　剛（なみがた　つよし）…… 第1章

九州大学大学院比較社会文化研究院・教授。筑波大学・博士（文学）。日本と韓国の国際結婚家庭で三人の子育て真っ最中。大学院のときに韓国に一年留学し，大学教員になってからも，研究のため一年間の韓国滞在経験あり。そのため，夫婦の会話は完全日韓バイリンガル，と言いたいところだが，実際は，私が日本語で話して，それに対して韓国人の妻が韓国語で答えることもしばしば。そんな両親の姿を見ながら子供たちがどのように育つのか，関心を持って観察する毎日。ハン・ガンさんのノーベル文学賞受賞で，K-POPだけでなく，韓国の文学に興味を持つ人が増えたら良いなと思う今日この頃。比較文学・日本近現代文学が専門。

姚　瑶（よう　よう）……………………………………………………………… 第3章・第4章

芸術文化観光専門職大学・講師。学生時代に日本語の美しさに魅了されて2004年に来日。福岡教育大学大学院教育学研究科修士課程修了後，九州大学大学院比較社会文化学府（現・地球社会統合科学府）にて博士（比較社会文化）取得。大学院在学中から留学生や外国人住民の日本語教育に携わる。現在は，兵庫県豊岡市多文化共生推進会議副会長，同市多様性推進・ジェンダーギャップ対策検討委員会委員等を務め，外国にルーツを持つ子どもたちや外国人住民の支援活動に関わっている。外国人保護者の相談を受ける中，母語・継承語教育の重要性を痛感。また，自身がバイリンガル子育てをする中でも日々悩みながら研究と実践を進めている。

藤本　悠（ふじもと　ゆう）……………………………………………………………… 第3章

芸術文化観光専門職大学・准教授。奈良大学文学部文化財学科を卒業し，同大学院文学研究科修士課程を修了。その後，同志社大学大学院文化情報学研究科で博士（文化情報学）を取得した。現在は情報系科目を担当し，地域文化の発展と情報技術の融合に関する研究や教育に取り組んでいる。特に人工知能（AI）やメタバースを活用し，地域文化や観光分野への応用可能性を探っている。また，最近では医療分野にも携わり，病理学や健康に関する情報を活用する方法についても研究を進めている。さらに，ICTを活用して多様な人々に情報を発信し，舞台芸術や観光，医療など幅広い分野で，地域社会との連携を深める活動を推進している。

李　娜（り　な）……………………………………………………………………… 第5章

信州大学グローバル化推進センター・助教。九州大学・博士（学術）。中国の朝鮮族としてコリアにルーツを持つ自身の背景から，継承語教育や多文化共生の教育に関心を持つ。博士課程在籍中には，福岡市の地域日本語教室でボランティア活動に携わり，外国人と地域住民の交流を促進しつつ，日本語学習を支援する取り組みを経験した。現在は，日本語教育に加え，留学生向けの教員サポートデスクを担当し，学生の学びや生活に関する相談支援を行っている。母語や継承語教育の重要性を深く実感しており，言語を通じて多文化的なアイデンティティの形成を支援する教育活動に力を注いでいきたいと考えている。

黄　正国（こう　せいこく）………………………………………………………… 第5章

九州大学留学生センター・准教授。広島大学・博士（心理学）。2003年に私費外国人留学生として来日。日本語学校を経て，2005年に広島大学教育学部に進学。在学中は学生ボランティアとして広島県呉市の外国人子ども向け日本語教室で教育支援活動に携わる。大学院では広島大学大学院教育学研究科附属心理臨床教育研究センターの相談員として，不登校や発達障害の傾向がある外国人児童生徒とその保護者にカウンセリングを提供する経験を積む。現在は，3人の子どもの育児に日々試行錯誤しつつ，広島県および広島市の子どもアドボケイト活動のスーパーバイザーとして，外国人を含むすべての子どもたちの人権擁護にも取り組んでいる。

S. M. D. T. Rambukpitiya（ランブクピティヤ，S. M. D. T.）…………………………… 第 7 章
久留米大学外国語教育研究所准教授。九州大学・博士（比較社会文化）。多民族国家スリランカ出身で母国の日本語教育に携わり，来日後は日本語教育と多文化共生を学び，母親・扶養者としての経験や熊本地震での外国人被災者の知見を生かし，講演やスリランカにルーツを持つ子供の継承語教育など幅広く活動中。研究対象は，日本と他国の感謝表現や地域の日本語教室における多文化共生，外国人保護者の視点から見た日本の学校文化。『学校と子ども，保護者をめぐる多文化・多様性理解ハンドブック』（金木犀舎）第 4 章を執筆。現在も子育て中の研究者として活動し，多文化共生社会の構築と母語教育支援に力を注いでいる。

BUI THI THU SANG（ブイ テイ トウ サンゴ）…………………………………………… 第 8 章
一般社団法人福岡国際市民協会・代表理事。九州大学・修士（法学），専門は行政理論。2007 年に来日後，課外活動や社会活動としてベトナム文化紹介・ベトナム人コミュニティ助け合いの活動をしてきた。大学時代，ベトナム語の通訳者として別府市の小学校の授業に派遣されたことがある。2018 年から 2022 年までベトナムフェスティバル福岡実行委員会の共同代表としてベトナムにルーツを持つ子ども向けベトナム語教室を運営し，ベトナム人の保護者向け就学ガイダンスや継承後教育セミナーを行った。同期間，個人的にベトナムにルーツを持つ小中高生の学習をサポートした。2023 年に福岡国際市民協会を設立し，在福岡の外国にルーツを持つ保護者と子どもの支援活動に力を入れている。

日本社会と継承語教育（にほんしゃかいとけいしょうごきょういく）
——多文化・多言語環境に育つ子どもたち——

2025年4月30日　初版発行

編　者　松　永　典　子
　　　　郭　　　俊　海
　　　　柳　瀬　千恵美

発行者　清　水　和　裕

発行所　一般財団法人 九州大学出版会
〒819-0385 福岡市西区元岡744
九州大学パブリック4号館302号室
電話　092-836-8256
URL　https://kup.or.jp/
印刷・製本／城島印刷㈱

Heritage Language Education in Japan:
Nurturing Children with Culturally and Linguistically Diverse Backgrounds
© 松永典子・郭　俊海・柳瀬千恵美　Kyushu University Press, 2025
Printed in Japan　ISBN 978-4-7985-0382-0